Vision

一些人物，
一些視野，
一些觀點，
與一個全新的遠景！

親愛的，其實那不是愛

知名諮商心理師
悲傷療癒專家
蘇絢慧

勇敢放手，走向愛

親愛的，請想起你自己，
想起你自己的耗損、苦痛、硬撐及矛盾，
也想起了——你真正渴望的，是愛。

自序——當關係只剩空洞，你可以選擇離開嗎？

這本書，是寫給長期困在空乏及虛耗關係裡的愛人們。
讓你離開偽愛的關係，真正的往愛及健康的方向，移動。

如果是兩個相愛的個體，即使關係裡有失落、挫折和失望，也能化危機為轉機。但若是，關係裡早已腐爛空洞，成了惡病質的關係，那麼，放手及離開，或許才能是療傷的開始。

我們的人生，都有著不同的人來來去去。許多時候，我們會想：「是不是就是這個人，會陪我走到人生的最後？」卻在時間催化、歲月的衝擊下，關係中的兩人漸行漸遠，無話可說，直到走至關係的槁木死灰，不得不宣告——臨終。

然而，即使曾經歷過關係的臨終，從此人我殊途，各奔東西，我們也未必能真正透澈明白：究竟是怎麼回事？為什麼關係要走到這麼一步？為什麼，本來相愛相屬的兩個人，要走到面臨關係的終點時刻？

過往那些弄不清楚為何分離的各種關係，總是留給我們許多痛苦的感受：遺憾的、懊悔的、愧疚的、心碎的、憤恨的、沮喪的……記憶，這些記憶一次次，像浪潮一樣，在腦海裡一波波的湧起，再退去，湧起，再退去。每一次浪來，我們無處可跑，被席捲入海，再從深陷的苦海裡，奮力的搏命爬上岸邊。

每當回想起關係的分離記憶，情緒就像一首首沒有結尾的歌曲，在心頭繞呀繞，唱呀唱，始終無法在心裡真正的唱完，真正的休止下來。

以致，我們越來越不敢分離、害怕分離。害怕要再面臨那分離後的情緒痛苦，害怕那永遠得不到答案的：「為什麼會這樣？」害怕一個人所要面臨的孤單，害怕自己無力承擔那結束關係後的挫敗及沮喪。

於是，就算內心早已像是兩個沒有在一起的人，各自過著各自的日子，相處時連要說一句話，都顯得困難，只剩下無言和冷空氣，我們也難以坦誠的面對：

這一段關係，是不是只能走到這裡？是不是該好好的結束？

究竟為什麼我們那麼怕分離、怕孤單？怕到寧可消耗彼此、磨盡了愛，也要撐在關係裡，直到——不是你死，就是我亡。

不能否認的，關於離別，真是讓人很吃不消的歷程。糾結的、難以釐清的、混亂的、受傷的、委屈的、倔強的，這些沒有辦法好好照顧的情緒及感受，總是排山倒海而來，無法壓抑，讓人必須回頭檢視：為何不得不走到必須分離的關卡？究竟是誰對誰錯？究竟誰是關係的殺手？是我？是你？還是有了第三者？

離別的課題與放手的功課，總是那麼難。而放手過後的重新開始，也讓人在痛徹心腑後，用盡心力才能真的向前跨出一小步。生命在離別之後，有時，真的難以預料到底什麼時候，自己才能真正有了勇氣，走向下一段的人生。

唯有對生命有深深的一份信任，以及來自內在的自我關愛力量，這樣的力量，才能生出真實的勇氣。

無論遇到的是可接受的失去，或不可接受的失去，都要願意以「理解」來面對這一切，同時也是接納、寬容了自己。停止因為這些失去，而殘忍的對待自己、苛責或傷害自己。不要將自己推入苦痛的深淵，讓自己陷落在無情與無意識的自我罪咎中，無法自拔。

當關係只剩空洞，你可以選擇離開嗎？

{ 自序 }

如此，我們才能真正的從分離中，學會生命要我們承擔及學習的課題。好的告別，需要以祝福為基礎，深深的向那要離開人生的部分（無論是人、事、物），說聲：「謝謝你曾經為我生命帶來的一切。謝謝你讓我懂了很多事、很多生命的面貌。」然後，真誠說聲：「對不起，對於沒有彼此善待的部分、來不及懂得珍惜的部分、有所失誤的部分，真心抱歉！」

最後，允許自己真正的鬆開曾經緊握的手，好好祝福那必須分離的，讓生命不是再留有一身的怨懟和仇恨，而是選擇讓一切能有所善終、善了。

並且，為自己選擇讓心靈走向修復及平靜的所在。

當我們真心想要找回心靈的平靜力量，那麼，好好的向那需要告別的對象說聲再會吧！

並不是說真的需要再見面。而是，不論後會有期或無期，都不再牽掛，因為相信一切自有上天最好的安排。過去的聚、如今的離，都有屬天最好的安排，即使我們無法參透這一切的原理及奧祕，我們仍接受相遇有時，離別有時；關係即使無法走到最後，或繼續走在一起，也不輕易抹滅這段關係中曾經的真心，也不輕言妖魔化及否定對方的存在。留給彼此最後的尊嚴，也給彼此生命一份溫柔的慈悲。

因為，相愛容易，但兩人相伴、相處卻萬分的困難，我們有各自的軟弱、各自的欲望、各自的性情義理、各自堅持的對錯，還有各自想過的人生。即使曾經堅定的要相守一起，但相守，卻不一定是兩人最好的結果。

如果，你已經清楚的感受到「不愛了」、「不對了」、「不適合」；而這之前，你已經努力的挽救，也努力的想要找到一條通道通往對方的心，卻始終找不到入口；甚至，你用盡了一切的辦法，卻仍無法得到對方的善意回應，你們仍像千世的仇人一樣，始終攻擊著彼此……這種種一切都令你痛苦不堪，像是置身在地獄，而憤恨及悲傷的巨大悲痛無時無刻撕裂著你，讓你分裂破碎，或憔悴萎縮，或猙獰發狂，幾乎要不認得自己……

那麼，請給自己另一種可能，還給自己生命的和平及寧靜，把一個可愛的自己，找回來。為了將這個自己找回來、愛回來，因此，你需要選擇放手，不再以為握緊的是愛，而是真正的承認，你的手心早已空掉、冷掉，因為對方早已收回他的手。

而如今，可以好好牽住你的手的人，是自己。

而我希望這一本書，是在你終於選擇了鬆開手後，能陪伴你、支持你，走向你個體的療傷和情感修復之書。感情的挫折，並不能終結我們成為一個勇敢去愛的人，而是對關係的痲痺和僵持，才會使我們越來越成為——一個無法再愛的人。

如果你知道，人生的任何歷程，都不能終止你學習愛、成為一個有愛的人，那麼，放開一段緣盡情了的關係，會讓你學會感謝，也學會珍愛自己。

你的生命，會因為懂得放開、懂得如何離開，而真的往愛移動，往屬於你的前方邁進。

請繼續相信生命，請開始珍愛自己……

當關係只剩空洞，你可以選擇離開嗎？

{ 自 序 }

自序——當關係只剩空洞，你可以選擇離開嗎？ 6

Part 1

令人受苦的偽愛關係

12種偽愛類型：認清那個不愛你的人

Type 1【逃避型關係】
在一起只剩下習慣
——你不敢承認的「那不是愛」 20

Type 2【好女人型關係】
不被看見的溫柔
——為了做好人（好女人），你不停的忍受扮演討好的角色 30

Type 3【奴役型關係】
只要他高興就好
——害怕自己努力不夠的緊箍咒 41

Type 4【積怨型關係】
忍到感情變了質
——將錯就錯的陳年積怨 54

目錄

Type 5【混淆型關係】
分不清是愛，還是恨
——錯亂混淆的情感 61

Type 6【汲取型關係】
如幼兒般無止境的索求
——依賴成性的關係 74

Type 7【照顧型關係】
不允許自己軟弱
——以強大的照顧形象維繫關係 88

Type 8【拯救型關係】
誤把同情當愛情
——你是「同情者」或「拯救者」，而不是情人 99

Type 9【幻想型關係】
明知錯了，也要繼續
——不願接受當初的美夢幻滅 106

Type 10【空洞型關係】
不存在的愛
——從未真正進入關係 114

Type 11【主角型關係】
其實他愛的是自己
——你永遠是配角 124

Type 12【等待型關係】
都是我的錯
——無法擁有專屬的關係 135

＊偽愛關係總檢測 144

Part 2

我該如何真實面對？

12個離愛醒悟：學會好好分手

Lesson 1 **誠實**
——承認自己的情緒衝擊及失落感受 148

Lesson 2 **覺悟**
——面對自己的幻滅與面對的決心 161

Lesson 3 **分辨**
——試著瞭解自己需要分離的理由 168

目錄

Lesson 4 **正視**
——坦誠瞭解自己的性格，何以長久受困於難以分離 176

Lesson 5 **釐清**
——處理自己混亂的情緒：罪惡感及自責感受 185

Lesson 6 **思考**
——無法放手之清單 vs. 無法放手之代價 193

Lesson 7 **接受**
——接納失落的發生，面對自己的不甘心 199

Lesson 8 **擁抱**
——學習擁抱回自己，身體距離拉出界線 204

Lesson 9 **收拾**
——將依戀對方的情感，漸漸收回 209

Lesson 10 **回顧**
——回看過程，承認自己的失誤與無能為力 215

Lesson 11 **離去**
——為自己停止自憐與離開受害者位置 222

Lesson 12 **行動**
——完成自己需要的告別歷程 228

Part 3

我如何療傷？又如何能真實去愛？

12步為愛學習：自我療癒，走向愛

Step 1 **祝你幸福**
——停止指責與埋怨的報復及攻擊 238

Step 2 **勇敢放開**
——留給彼此各自勇敢面對人生的祝福 243

Step 3 **和平落幕**
——找到維持友善卻不打擾的方式 248

Step 4 **重拾獨立**
——還給自己獨立的自我空間 252

Step 5 **遠離干擾**
——問候未必是需要 258

Step 6 **接納孤獨**
——這一次勇敢的為自己，接受真正的分離 262

Step 7 **理解分離**
——重新定義「分離」這件事 266

目錄

Step 8 **溫柔以對**
——感謝彼此的相伴，溫柔完成告別 271

Step 9 **心情歸零**
——不美化，也不醜化過去的關係，讓一切回到原點 277

Step 10 **陪伴自己**
——完成需要的療癒 283

Step 11 **擁抱自己**
——從受傷的關係中，懂得愛回真實的自己 288

Step 12 **重新啟程**
——為自己建立「真實的愛」經驗 294

結語——移動生命，才能真正的走向愛 299

推薦書目 301

我們以為堅持是最大的力量，
但其實，放手才是。

——**J.C. 瓦特**（J. C. Watts，美國議員）

Part 1

令人受苦的偽愛關係

12種偽愛類型：認清那個不愛你的人

在一起只剩下習慣

【你不敢承認的「那不是愛」】

放手，為何那麼難？

你早已心知肚明，這一段關係早猶如一灘死水。沒有活力，沒有交集，各自在不同的世界裡。有的只是消耗、爭執，及明著來暗著去的攻擊。

但因為習慣依賴，或因為恐懼孤單、恐懼面對未知，你們都騙了自己，這段關係還沒壞到無可救藥。

你心裡仍然等待著一絲可能性：你們可以不再相互傷害，好好的在關係裡依存，即使這世界再糟，你們仍是彼此最終的庇護所、最穩固的守候。你仍希望，你們一起走到天長地久，沒有分離的發生。

但是，這份心願始終還沒到來，而迎來的是你越來越不認識自己，越來越討厭自己臉上猙獰、扭曲、憤恨及哀怨的表情。在咆哮及怒吼聲中，在歇斯底里的狂怒中，在冷漠的表情中，你開始不認得對方，也不懂：自己何以成為一個那麼被仇視、不被珍惜及在乎的人？

然而，離去，是那麼困難。

那些道德的、良心上的罪惡感，和害怕孤單的恐懼無助感，都讓你不敢就此放開手。

你不敢想像自己的離開，是否將帶給對方傷害？是否自己成了別人口中，只顧自己的自私人？而離開是否真的能解脫？還是換來下一場苦難？又或是只能與對方用盡生命，耗損到彼此枯竭，才是一種仁至義盡？

與其讓對方指責你的拋棄，不如乾脆放棄自己的人生，你這麼想。因為這樣再也不用承受那些自以為是的指責，也不用累得再怎麼解釋也嫌不夠。

還要再騙自己，多久？

可是，親愛的，你知道嗎？**我們這一生無法總是對別人負責。我們真正能夠負責，及給予交代的，只有自己。**為了他人能認同及看得過去，你獨自忍受苦痛及空虛，在一份空洞的虛假關係中，扮演著自己的一角，撐住這一齣劇，好讓大家不用經歷有所變化的吃驚，也不必讓人擔心。你可知道這一份代價的辛苦及心力交瘁的疲憊？

關係，不是用來偽裝「I am OK」的，也不是為了給人交代與放心的。關係，是為了經驗到兩人真心實意的交流，給予彼此最無可被取代的支持與愛護。沒有心在當中的關係，又如何能真實接觸呢？失去了被善待的自己，又如何在關係中，真正的善待彼此呢？

面對自己的真實。因為真實，是別人無法瞭解也漠不關心的，卻是你逃也逃不過的糾結。

接受了自己的真實，放下了自己的幻覺，我們才可能真正的活著，真正的與自己和好、和解。

只是，你敢於對自己誠實嗎？還是你無論如何，也選擇要繼續欺騙自己、說服自己？寧可選擇讓一切符合別人的觀感和期待，也難以選擇為自己的人生「選擇真實」？

因為好怕「一個人」

華人傳統的思維，總是習於把「個人」和「關係」綁在一起，也總是習於把「一個人」的狀態，等同與「孤單」、「可憐」、「沒人要」、「不幸」劃上等號。如果，我們離開了「關係」，進入到一個人的人生探索歷程，那麼，我們可能很快就會被貼上標籤，代表了我們的「失敗」或「糟糕」，以至於我們無法擁有關係，無法長留於關係中。

許多人，正是困陷在這種恐懼中，害怕自己「一個人」的生命狀態，無依無靠，像是天地之間的孤兒。一想到：如果自己遇到任何難以承擔的情況，都不再有另一個人必然存在，必然給予幫助或扶持……就難以安撫心中的恐懼感，彷彿自己會被這世界拋棄，連死在某個角落，都不會有任何人在乎與發現。

我們總會被自己的大腦這樣恐嚇和威脅，使我們無法面對在關係中的真實感受，也無法坦承自己在關係裡的真實狀態。

即使在關係中，兩人交惡到猶如仇人，或是相處起來像是活在冰窖裡的人，總是冷言冷語，連一句有溫度的話也感受不到，但為了某些無法鬆動的價值框架，我們寧可漠視我們的真實感覺，找到一種「假裝自己不在意，也能夠把日子繼續過下去」的方式，留在一段只有表面形式的關係裡。

愛得毫無回應……

「我們每天幾乎說話不超過三句，有時候我問了話，半天也等不到回應。如果強烈的問下去，一定要聽到他回話，那麼聽到的，也只是我自取其辱的話，像是說我很煩人，或是說我聒噪、很吵。久而久之，我也不知道該如何和他說話了。」在關係中，感覺到和伴侶毫無任何交集的一位女性這樣告訴我。

這位女性，在這樣的關係之中已經十年了。這十年來使用了不少方法，想和她的伴侶有交集，好保持這段關係的溫度。不論是約伴侶旅行、約伴侶試吃餐廳、約伴侶一起參加活動，她總是這麼努力，甚至到用力的地步。如果沒有擔負起「經營關係」、「關係成長」的重責大任，她便恐懼，兩人的感情會隨著時間而越來越乏味，越來越空虛。

事實上，感覺到這段關係的空虛及乏味，是她不斷想否認的感覺，所以才不停的力求維持之道。

而她的伴侶呢？一直以來，就是「配合」，有安排活動就去，有旅遊計畫就完成。唯一不做的，是「對話」和「親密接觸」。

他的人，可以待在兩人的居處，也可以待在她身邊，就是不愛說話。那麼，他都在做什麼呢？他閱讀，他看影片，他喜愛品嘗他珍藏的茶，他也做料理，就是不愛說話。而且，無論他品茶或做料理，都不是為兩人做的，而是為他自己做的。他們的關係，就像是很好的「室友」，可以共住在同一個屋簷下，或是參與同一個活動，然而，就是保持「各做各的事」的狀態。

已經忘了從什麼時候開始，在伴侶覺得很受打擾的情況下，到了睡覺時間，他們早就分開成兩個房間了。

我問她：這種情況，她是如何感知的？感覺到什麼？認為這是什麼情況？

她苦笑著說：「我也不知道，就是覺得愛他，不就是要接受所有的他嗎？而且他也不是做了什麼可惡的事啊！沒有出軌、沒有愛玩、沒有不回家。雖然我和他之間沒有親密的感受和行為，但生活中，有他在，還是比較安心啊！就像是一種習慣，不能沒有他……」

我問：「你覺得這是你愛他的方式。那他感受到了嗎？他有回應嗎？如果這是你付出愛的方式，那這一份為愛付出，是否有讓你覺得開心或滿足？」

她不禁眼眶紅了，面容上的表情有些茫然和無助，只是輕輕的說了一句：「我也不知道……我只知道，我越來越有種感受不到愛的感覺，覺得愛在我的生活中，好像早已消失不見了，只是我不敢承認……」

一個人的逃避，另一個人的孤單

這位女性所面臨到的情況，正是許許多多人困在關係中的情況。或許一開始的關係，充滿著愛的感覺，相互吸引。兩個人從陌生走到熟悉，總是有許多新奇的事物，可以激起彼此的感官和感受，讓生活的感覺並不平淡。

然而，漸漸的，那陌生的新鮮感不見了，兩人的生活，變成了一種「過日子」的狀態。關係，也漸漸的從「我們」走回各自的「我」。雖然，關係好似是走在一起了，生活有許多重疊之處，生活空間及資源也共享了，但實質的交集卻越來越少，能對話的材料也越來越薄。

各自都回到以自己的習慣過日子的方式，這時候，兩人的「關係」成了生活的「配角」，而如果，其中一人甚至認為「關係」的存在只是礙事或麻煩，希望「關係」不吵不鬧就好，絲毫不想滋養「關係」，或真實的進入「關係」，重視另外一個人的存在，那無疑的，這樣關係中的另一人就像是獻祭一樣，注定被犧牲，成了「穩定生活」的貢品。

離開空洞，迎向真實

為了所謂的「穩定生活」，我們究竟將「關係」擺放在生命的什麼位置？又將另一個人放在自己生命裡的什麼角落？

「關係」，對人類生活來說，是天性裡的必要。我們有依戀的需求，渴望從依戀關係裡，得著深刻的親密感和連結感。雖然，無法因為有了「關係」，就完全消融掉人生存會有的孤獨感，但對於存在來說，仍然因為有了和另一個人的親密與連結，而有了存在的意義，和愛的體會。

若是在生活中，失去了有意義的連結感，那麼親密感也不會存在，人將因為斷了情感連結，而鬱鬱寡歡。內在的空洞及虛無，不只會消磨掉一個人的生命能量，也會吞噬掉一段「關係」的愛及意義感。

如果做過了許多努力，也用盡心力到體無完膚、毫無尊嚴了，那麼，「離開」或許是一個選擇，讓彼此仍有機會擁有「真正渴望」的人生。

若兩人在一起，沒有讓生命更好，那麼，該考慮的或許是：如何才能停損？退出彼此生命，會不會是一個對彼此都好（至少對自己是好）的最佳選擇？

【逃避型偽愛關係檢測】

對於關係，是真實交流的愛？還是習慣性的依賴？

關於「逃避型關係」，問自己以下的五個問題：

1.在這段關係中，你感受到的最強烈的情緒感覺是？

2.在這段關係中，你是感覺到充滿活力滋養？或是日漸消沉？

3.在這段關係中，孤單感是偶爾出現？或是大多數時間，孤單的感覺都揮之不去？

4.在這段關係中，當你面對對方時，經常感受到抑鬱痛苦？還是輕鬆自在？

5.在這段關係中，讓你感受到更喜歡你自己？還是更厭惡你自己？

接著，請誠實回答自己：

- 這五個問題，當你得知自己的答案時，你的感受是什麼？
- 對於你的關係，你的感受是正面經驗多，還是負面經驗多？
- 這些問題的答案，正在告訴你自己什麼呢？你如何看見自己的真實關係處境呢？

自我心理增強

關係的意義，是心與心的連結及靠近。
愛早已空洞的關係，剩下的將是耗損，直到走至垂死臨終。

Type 2

好女人型關係

不被看見的溫柔

【為了做好人（好女人），你不停的忍受扮演討好的角色】

那個真實的你，在哪裡？

文化，總是默默的、無聲無息的影響著我們，特別在於——要成為一個「好人」、「好女人」的文化。這個文化影響，從我們小時候就開始，我們受教導必須成為一個「乖孩子」、「好孩子」。慢慢的，隨著成長，乖巧的孩子，成為了討好且順服的人：懂得看人臉色，也變得十分在意他人的臉色，唯恐自己不好，唯恐自己被責備懲罰。

為了得到一個別人口中肯定的「好人」、「好女人」，在傳統文化的標準下，你無意識的在不知不覺中，做了一個沒有脾氣感受、沒有個人意願立場，也沒有自己喜惡價值觀的人。不僅不懂自己的感受，也不知道如何拒絕及表示不接受。

你的人生，有非常長的時間，全神貫注在為了得到「好人」或「好女人」、「好孩子」的匾額，即使有傷有痛，也不說。不僅內在傷痕累累，有苦說不出；外在的你，更是屢屢遭受他人的看輕、漠視及不在乎。

經常，你感覺到，除了你以外，所有人都比你更重要、更值得關注，而你只感受到更多的要求、命令與擺布。

當所有人只認定你「要給」、「只能給」，也「必須給」，卻從來不曾關切你的感受和想法時，到最後，除了給予你是「好人」的評價外，其餘你的情感、思想和渴望，有誰關注？有誰瞭解？有誰真正的給予回應？

而即使你都給出到不顧你自己、不懂如何為自己著想了，也不一定就能得到他人對你的一句肯定，真的就認定你的好、你的付出，而懂得珍惜你及善待你。

這是你內心最為失落及傷心的地方。

當我們想要當傳統價值觀裡的「好人」、「好男人」、「好女人」時，往往我們要求自己，要符合外界對我們是「好的」看法、評價。我們害怕讓人家有話說，好怕別人有微詞及不滿意，那表示我們被嫌棄了，那就成了一個「不好」的人、「糟糕」

的人。這樣，也許就會被掃地出門，被嫌棄、遺棄，猶如不該存在的人。

但是，你要明白：**真實的人，不會只有完全好或完全壞，而是我們展現什麼給別人看，又期待他人如何看待我**。如果我們傾全力要人看見我的好、肯定我的好，我們就會隱藏自己認為他人不接受也不喜歡的面貌，假裝自己沒有。這就成為我們活得最辛苦的時候：無法說「不」，不能拒絕任何要求，也不能表示自己的想法和感受，竭盡所能的照著別人的期待做。

如果我們要做真實的自己，不可能迴避與拒絕接觸自己的脆弱面，只拚命強調自己的好及完美。

理解那個自卑無助的自己

當我們努力的要做到最好，做到讓人無話可說，做到讓人相信你是一個好人（好女人），這一份追求，正顯示了我們的自卑及害怕自己不夠好。我們不知道如何肯定自己的價值，以為自己的價值，必須來自於另一個人的肯定。如果，我們有這樣的自卑情結，往往就會在關係裡，找尋一個可以讓我們「犧牲奉獻」的人，竭盡所能的為他付出，將自己的所有都給予對方，然後說服自己：只要對方能夠感念、知道我們的付出，願意在關係裡回應我們一份愛，我們就心甘情願，一切都值得了。

所以，即使長年下來，對方依舊消耗你、利用你，一點兒也沒有因為你的付出或給予，而成為如你所期待的關係伴侶——不論那是振作、上進，還是忠實，或是能夠給予依靠，懂得回應一份親密及愛護……這些都沒有發生，你依然不洩氣的自我激勵，不停的說服自己：一定會有一刻，你的所作所為能感動他、改變他。

你從來不知道，無論這是你的一廂情願，還是你的義無反顧，都可能不是真實。你的解釋裡，總是訴說著既然走在一起了，就要為對方承擔，就要讓周圍的人知道，你是如何的盡心盡力在付出。你要證明你們在一起是對的、是好的，不能讓人輕視，也不能讓人看衰你們。

你從來不認真看清楚對方是否真的在乎這段關係，也不感受對方是否如同你一樣，在關係裡盡心盡力，一同守護關係、愛護彼此。

你只顧著把自己做到好、做得無可挑剔，卻未將對方視為一個真實的人，一同在關係裡接觸、談話，真正的坦承彼此對關係的感受和想法。

擁抱失落無力的自己

也不知道從何時開始，你們之間的互動，就是一個人繼續在關係裡，做任性而為的自己；而另一個人就在關係裡，做委屈失衡的自己。不論如何的抗議、爭取，或是訴說委屈和挫折，對方依然故我，沒有因為你的表達和揭露，而體會到需要調整，也需要為關係有所承擔。

對於關係裡長期的失落和失衡，周圍的人也都一片勸說的聲音，要你一忍再忍，或是以各種方法，要你也過自己的日子，不要真的把對方的反應當一回事。當然也總是有人以過來人勸你，沒有完美的伴侶關係，大家能在人生路一直走下去，就是睜一隻眼閉一隻眼，凡事別計較、別在意，能付出也表示你有能力……等等的話語。

這些聲音，總是讓你越來越混亂，也越來越弄不懂：究竟人生在世，是要為別人而活？還是要為自己而活？如果一段關係，眼看再如何努力都沒有起色，那是自己不夠努力？還是自己不值得對方珍惜？

你總是一個人偷偷的哭，或一個人獨自嘆息。沒有人能真正知道，在這樣一段令你沮喪及無力的關係裡，究竟是如何的讓你筋疲力竭，感到孤單及空乏。

學習看見自己的存在

如果，你要真正的找回自己的尊嚴，停止在關係裡卑微、乃至乞討的話，你需要深刻的面對自己的「好人情結」及「自卑情結」。不再把自己看為低下、卑微的人，認為自己是高攀了關係，或必須等著他人施捨愛給你。你也必須真正的容許自己獲得平等的愛，在關係裡，好好的成為自己。

假如，你並不真的在關係裡「存在」，只是扮演了別人口中期待或要求的角色，那只是「角色」的你，又如何能真正被看見？如何能被尊重呢？

倘若，你習慣以討取別人的喜歡，來獲得自己存在的價值，那麼你必然也不敢呈現真正的自己。你害怕只要呈現真實的自己，就必定被嫌惡、被排除及拒絕。所以，躲在「角色」中，至少讓你有了棲息之處，有了依附的對象。

你可能以為，愛，是這樣的：願意奉獻，願意犧牲，願意失去自己。或許大愛是如此，為了崇高的理念與個人的志業，奉獻、犧牲和失去自己，只為了實現自己生命的意義。然而，親密關係不是如此。親密關係裡，兩人是共同存在，也在關係裡有了生命的連結，以及相互關照的承諾。**沒有誰，比較優越；也沒有誰，比較卑微。**

走出虛假的預設與期待

你要明白，如果你執意要自己當一個「好」人，就必得留一個「壞」人在你身邊，等著你感化，和證明自己真的是「好」人。

所以，沒有對方的壞和廢，或是沒有對方的自私及無能，如何證明你的好與努力？

其實，**好壞是對應關係，不是絕對關係。**你所堅持的「好」，未必是對方認為的「好」。到頭來，你也可能只是自顧自的以為，你一直在為對方好。

我們的人生，乃至我們的關係，如果是活在自己預設的角色裡，或是活在他人期待的角色裡，這一段關係，必然走到用角色逼迫彼此就範的那一步，卻仍無法朝著彼此的心和情感，更靠近一些。

我們活在人世，隨著生命階段的轉換，當然會有許多角色，但是，角色是「你」在扮演。**在不同的角色面具下所存在的，才是真實的「你」**——你當然可以扮演角色，但角色不等同於你。卸下所有角色後，你的親密關係，是你安心做自己的港灣，也是你面對最真實自己的溫暖陪伴。這樣的關係，才是彼此在這世界，最安全、穩固的堡壘。

【好女人型偽愛關係檢測】

對於關係，是真實交流的愛？還是習慣性的依賴？

對於「好人情結」，問自己以下的五個問題：

1. 在這段關係中，你感覺只有你一個人在付出嗎？　□是　□否
2. 在這段關係中，你很怕是自己不夠好，才會得不到對方的珍惜？　□是　□否
3. 在這段關係中，常常有人告訴你別太計較或別太要求，好像你感到痛苦或不平衡的感覺，都不重要？　□是　□否
4. 在這段關係中，你感覺自己總要妥協或是犧牲些什麼？也常有一種「怎麼做都不夠好，怎麼做都被嫌棄」的感覺？　□是　□否
5. 在這段關係中，你常常感覺到自己越來越空虛，內心總有著說不出的空洞感？
□是　□否

接著，請誠實回答自己：

- 這五個問題，當你得知自己的答案時，你的感受是什麼？
- 對於你的關係，你可以感受到自己的付出和接受是平衡的嗎？
- 在關係裡，你會常看見自己的哀求和乞討嗎？
- 這些問題的答案，正在告訴你自己什麼呢？你如何看見自己的真實關係處境呢？

自我心理增強

你，不等同於所背負的角色；親密關係，也不該是兩個戴著角色面具的人的合夥。用角色定義自己，也用角色框架對方，勢必會讓關係只剩相互的要求及指責。

Type 3

奴役型關係

只要他高興就好

【害怕自己努力不夠的緊箍咒】

到底要付出多少努力，才算盡力？

人們對於還有「機會」的事、還不至於是一盤「死棋」的事，總是很難真正的接受及放下。

「我是不是還能改變什麼？」

「是不是還有什麼我沒盡力的？」

「怎麼能放棄？」

我們總有許多理由和藉口，要自己再去努力，不要放棄。為了不要感覺到一個「不夠努力」的自己，我們竭盡所能，盡心盡力，也總懷疑著：是不是自己還不夠好？或是努力不夠？

有時，還有一種如賭徒的心態：「會不會下一刻，一切就翻盤了？會不會我想要獲得的，再堅持一下，就實現了？」

以至於，我們總是賠到一無所有，甚至負債。以至於，我們無法在還可以保留一些尊嚴時，就能為自己設下停損點。以至於，情況壞後更壞，像是歹戲拖棚，極其乏味難看，卻也無法落幕。

有一回，我在麵攤用餐，聽到了一段對話。

一位哭得傷心的女性說：「不管我做了多少，我先生都沒有看見我，我們沒有交集，比室友還像室友，除了吃飯、睡覺，我們都沒有話可說……」

然後，她吸了一口氣，話鋒一轉。

「但我會繼續努力，做得更好，我相信我這麼努力，有一天，他會看到我的付出……而且，我不願意相信好人永遠是被欺負的……」

她努力的要振作。

旁邊的友人不知道該接什麼話，就接著說：「那你早點回家……今天的麵，我請客。」

這段對話，顯示了陷在迷思裡的人真的很多。「努力執迷不悟，終將有回報」，不知道究竟是誰告訴我們的？

我們總是單方向的努力，而不是互動。面對對方的置之不理，或是沒有回應的冷漠，我們難以面對真實，只能反過來「要求」自己更努力。

可是，**如果連你自己都不重視自己的感受，誰又會幫你在乎痛苦的感覺呢？**

親愛的，請相信你自己，給自己多一點肯定及在乎。對於你的努力、你的堅持與你的承擔，難道你真的如此無感嗎？

習得「停下來」及「轉身」之美

在這些努力的過程裡，你總是關注著：對方還是沒有回頭，對方還是沒有肯定，對方還是不給回應，或是為什麼情況還是沒改變。於是，你總在問自己：是不是因為你不夠努力？所以沒能讓對方在乎你、同意你、回來你身邊，也不肯再多一點兒回應你的需要……

你沒看到自己一直以來的努力，也沒看到自己一直以來所做的，是不斷的去滿足、去給予他人。你總看到對方的拒絕及批評，卻始終看不到自己的疲累與耗竭。

你已經夠努力了。如果努力那麼久卻無法達成目標或期待，或許，並非表示你不夠努力，而是你努力的方向及對象，錯了。

當你能不再單靠著「努力」來面對人生，或許你會因此感受及看見，這人生還有你值得去體驗的生活，還有你值得去經歷的地方。

也許，人生除了「努力」之外，你需要學會的是「停下來」及「轉身」，去經驗更大的世界，去遇見真實的愛。

從原生家庭揭開真相

當我們內在自卑，我們就會在關係裡，把自己放置在卑微的位置，以一種「奴」

性般的努力及無盡的承擔，要自己負責。當沒有任何人肯定你時，特別是關係中的另一個人總無視於你的疲累和負擔時，你就更要求自己加倍努力。

你從不懷疑，對方是否在推卸他的生命責任？是否正在無盡索求？是否被寵慣了，以至於以為全天下的人，都是需要來服侍他的？甚至，他是不是從來沒有學習過究竟什麼是「愛」人？他總是那個等著接受的人？

如果，你總是留在「自我要求」的角度，去看待關係，那麼，你可能永遠也看不到「真相」。「自我要求」，是你過去面對原生家庭關係的方式，以此來確保父母（大人）的愛，以為只要不斷要求自己，讓別人滿意，他們就不會離開你，就願意愛你、肯定你的存在價值。但是，如果你因此以「自我要求」待在成人關係裡，特別是親密關係中，那麼，你會活得卑微，也無法真正收到對於存在價值的肯定，反而會被耗損，及歸咎許多生命的責任要你承擔及負責。

到最後，當你無法再給時、無法再努力去滿足時，對方便因此轉頭而去，往另一個可以供應他、滿足他的人，走去。

而你，總是一等再等——等著燈火闌珊處，那個人，真正的「懂」了你的好，「懂了」你的珍貴。然而，經過這麼長久的日子，你等到了嗎？

「努」其實是奴／力

當你害怕自己努力不夠時，當你總是懷疑，是不是還有什麼方法可以改變對方的態度時，請你也用「感情」回頭來看看自己：你真的付出的不多？真的不夠讓對方感受到你愛他？真的沒有為感情承擔那些壓力及責任？

你可曾想過：當你沒有被珍惜，也沒有獲得回應時，何以你總是回頭怪罪自己？當對方對你頤指氣使，毫不客氣的指責及抱怨時，何以你就沉默下來，想著如何做，可以讓對方高興、可以讓對方滿意？

你看看「努」這個字，不就是「奴力」嗎？

你也認定自己在愛情中、關係中，是奴嗎？

因為是奴，除了努力之外，就沒有需要被關照、被滋養、被在乎的需求嗎？

別再讓人對你呼之即來，揮之即去

當我們進入關係，並不是要進入一份被奴役的關係，任其支配、索求，甚至壓榨。如果進入一份長久的關係，確實會牽涉到兩人許多生活的必要，為了讓生活能夠維持在穩定的品質上，當中必會產生許多需要承擔的責任和壓力，甚至有一大部分都跟生活的開銷、生活環境的整理、生活的照顧責任，以及相關的問題解決有關。所以關係中的兩人一同面對、一同支持，也一同承擔及因應。

在過程中，兩人因此有了更多的交集和相互的瞭解，而當中的情感即使有了衝突與矛盾，也總能看見彼此一同「在」關係中，互相鼓勵、支持、安慰、理解和體恤。

但若是，兩人共同建構的關係，只有一個人不斷的被要求給予、付出、體諒及供應，而另一個人只要勝任「被寵愛」或「被照顧」的角色，那麼這段關係勢必不平等，當中的尊榮及卑微，已為「關係」寫下了失衡的預言。

如果這是你，那麼你需要明白，你的「努力」及「自我要求」是很好的特質，是你一直努力為生命承擔及付出的毅力，是你勇於面對生命挑戰及困境的韌性。但不該因此被放置在「低下」的位置，讓人對你呼之即來，揮之即去。

而你也需要面對，自己長久以來所仰賴的「努力」，是否為你的人生帶來了更多美好和回饋，而不該為你的人生，帶進更多的消耗及濫用。

禁行

ASTRON
GPS
SOLAR
SEIKO
gogoro
GAP

【奴役型偽愛關係檢測】

對於關係，是真實交流的愛？還是習慣性的依賴？

對於「要求自己努力」，問自己以下的五個問題：

1.在這段關係中，只有你一個人在努力嗎？ □是 □否

2.在這段關係中，你很怕是自己努力不夠，才會得不到對方肯定嗎？ □是 □否

3.在這段關係中，你常常在求問關係改善的方法嗎？好像只有你一個人，在努力的嘗試解決你們關係中的問題嗎？ □是 □否

4.在這段關係中，你常有種「一定是我努力不夠，情況才會如此」的念頭嗎？所以，你總更加的努力嗎？ □是 □否

5.在這段關係中，你常常感覺到自己越努力，越有失落、失望的感覺嗎？好像總是不得其門而入，或者，總是覺得對方的反應依舊沒變，關係的狀態也沒有改善？

□是 □否

接著，請誠實回答自己：

．這五個問題，當你得知自己的答案時，你的感受是什麼？
．對於你的關係，你可以感受到自己的努力和獲得之間是平衡的嗎？
．在關係裡，你會常看見自己不斷的要求自己嗎？或是逼使自己「努力，還要更努力」嗎？
．這些問題的答案，正在告訴你自己什麼呢？你如何看見自己的真實關係處境呢？

自我心理增強

對於關係，你要真正看到自己長久以來的努力。
放下努力，不再自我苛責，並不是意味著你的失敗，而是你終於認清事實，也接納了自己。

Type 4

積怨型關係

忍到感情變了質

【將錯就錯的陳年積怨】

忍耐，有讓你感到幸福嗎？

有哪一個家庭的父母婚姻關係，沒有陳年堆積的仇恨哀怨？

這是過去時代的悲哀。過去的女性，只能依賴她所嫁的夫君，無論是好、是壞，她都沒有能力獨立，也無法有自信她能靠著自己建立一個想要的生活。

一旦她嫁了，無論她的配偶是什麼樣的一個人，或她的婆家是如何對待她這樣一個外來的女人，她都必須忍耐、犧牲，什麼苦都必須承受，不管如何感覺委屈、被惡待，她也必須死守在這段關係中。實質的依靠和照顧盼不到，那至少盼望自己成為別人口中的「辛苦付出的好女人」。

但是，若是忍耐了好幾個年頭，在關係裡，除了被要求付出、承擔、順應、犧牲、照顧，卻無法像個人一樣的被尊重、被照顧、被善待、被在乎、被關懷，那如何能夠支撐得了？如何能夠繼續維持？

許多在婚姻家庭中的女性，都維持住了，不是嗎？

是，表面上是維持住了，但內在，那心裡的滋味是什麼呢？

在一段關係裡，面對著對方的不理不睬、不聞不問，即使生了病，也沒有一杯溫開水，連一句關懷、問候的話語都沒有……

那時候，內心的感受是什麼呢？

在關係裡感覺到的自己，像什麼呢？

你不感到心酸嗎？不感到自己的卑微嗎？你不因此感到強烈的憤怒和委屈嗎？

你會感到幸福嗎？會感受到愛的滿足嗎？

兩顆心若斷了牽繫，要如何親密？

我們長久以來，對於家庭、婚姻、關係的教導及學習，常常要求的是形式上的，例如：賺錢養家、料理三餐、家事整理、照顧服侍……等等。這些事當然重要，但是這些事，都是易磨光「愛」、磨損「關係」的。因為這些事，都很累人，不斷的重複做，或是每日在這些事裡打轉，人就會感到能量耗損、筋疲力竭。而這些事，往往是為了維持一個「家」的運作，但未必維繫住了「關係」。

「關係」的維繫，需要兩人「心」和「心」的交流與親近，是一種屬於兩人很私密的默契，很親密的相懂。

而愛的發生，是一種安全的親近。因為信任，因為靠近，因為連結，也因為尊重——愛，才有可能，發生。

如果一段關係失去了信任、親密、分享、尊重、依靠和連結，那這一段關係，還剩下什麼？

沒有了這些愛的元素，這還是一段親密關係嗎？

關係需要一份專注的善待

我們的傳統，面對情感關係的態度，總是很難真正的「負責」；不關注關係，不真正的尊重對方，不把對方的感受當一回事，不在乎彼此關係的狀態，也不滋養關係。放著「關係」不管，只用「生活的負擔」來說嘴——「我有對關係負責」。

我們原以為的「對關係負責」，是一種很虛空的倫理或道德。只要沒有做對不起你的事，只要沒有背叛這段關係，只要還擔負一點兒生活照顧的責任，即使關係早槁木死灰，沒有交集，只剩冷嘲熱諷、輕蔑冷漠，絲毫沒有善待……如此這般早已「沒有愛」的關係，卻難以真正的被承認，彼此也很困難勇於「負責」的好好處理結尾。

只剩下，彼此的消耗和置之不理，直到「關係」腐爛變質。卻不是「負責」的面對真實關係，力求克服及調整關係失衡的問題。也無法勇於承認關係的觸礁，讓關係中的問題可以得到真正的重視，和重新的調整。

就算彼此無法繼續在這段關係中，相互多些關注及付出，連一點兒善待對方的意願都沒有了，我們也需要「負責」的誠實面對自己，選擇好好處理和面對這段關係的——曲終人散。

這才是對關係，真正的「負責」。

離開錯誤，才能往更好的自己邁進

當兩人不願意正視關係的狀態，當你們對關係置之不理，否認關係的真實狀態，而只求關係維持表面的形式，只是欺騙彼此日子仍過得下去，那麼，你需要好好留意：這樣的日子，究竟在你的內心留下了什麼？而你對人生的感觸，又是什麼？

如果，你發現了你在關係中不是真正的快樂，因為太久的將錯就錯，讓你們兩人之間被龐大的恨、怨、憤怒、不甘心、想報復……等等情緒占據，讓愛，早已在關係中窒息，那麼這一段愛早已窒息的關係，又怎麼可能給你們愛呢？

如果，這對你已是一段「糟糕的關係」，不僅感受不到愛，還只剩對彼此的指控、怨恨、厭惡、痛苦，那麼，何以你留在這樣的一段關係裡呢？

除非，你對自己能不能成為更好的人，並不關切。

你反而覺得，自己只能配得一段糟糕的關係，因為如果連這段糟糕的關係都沒有的話，你深信，你就會無法擁有任何關係了。

害怕「一無所有」的感覺，使你連要離開一段糟糕的關係都不敢……（無論這段關係是一個「人」，還是一份「工作」。）

如果，你已確定離開了，那就往更好的自己邁進吧！但是，首先，你要先認識自己，才知道更好的自己究竟是什麼，才知道自己真正想要的是什麼。

【積怨型偽愛關係檢測】

對於關係，是真實交流的愛？還是習慣性的依賴？

對於「將錯就錯」，問自己以下的五個問題：

1. 這段關係，你感覺到是一個錯誤嗎？當中根本感受不到愛嗎？ □是 □否
2. 這段關係，你總有揮之不去的怨和不平，以及委屈嗎？ □是 □否
3. 在這段關係中，你時常有覺得被辜負，又不得不忍耐的感覺嗎？ □是 □否
4. 在這段關係中，你常出現這種內心的聲音：「這不是我要的」？ □是 □否

5.在這段關係中，你常感覺到你們兩人都不快樂，甚至覺得痛苦嗎？ □是 □否

接著，請誠實回答自己：

‧這五個問題，當你得知自己的答案時，你的感受是什麼？

‧對於你的關係，你可以感受到自己時常冒出「這是錯誤的關係」嗎？

‧在關係裡，你會常看見，自己的忍耐，只是換來更多的冷漠及惡意對待嗎？

‧這些問題的答案，正在告訴你自己什麼呢？你如何看見自己的真實關係處境呢？

自我心理增強

不要用「撐」或「忍耐」，來面對關係。
人生很短，你能有幾個十年、能有幾個青春，讓你這樣耗費下去？
對於關係，你永遠都可以有選擇的。

Type 5

混淆型關係

分不清是愛，還是恨

【錯亂混淆的情感】

到底這是愛？還是恨？

早年依戀關係挫折及矛盾的人，最典型的人際混淆現象之一，就是無法忠於自己誠實的感覺，無法一致性的感受，也無法一致的表達，而產生了感受矛盾及反向的現象。

明明是生活中惡待自己的人，也是自己該厭惡及排拒的人，他卻有莫名自責，並且還反向作用的更討好，更展露善意，更表現自己的順服。他強力的掩蓋自己內心的

BURBERRY
London, England
BURBERRY

CÉLINE

恨意及怨懟，不敢承認自己的憤怒和挫折。對於必須去排除及隔離傷害他的人，感到有莫名的罪惡感及恐懼。

他害怕自己若鼓起勇氣，憤而對立及抗拒，將會萬劫不復，受到極大的懲罰。同時，又容易對真心善待他、真正理解他，並且願意支持、體諒他的親友或重要他人，心生怨恨、不耐、輕視及懷疑，任意的攻擊與挫敗。即使做出背叛他們的行為，惡狠狠的傷他們的心，也不會感覺到罪惡感。

這是由於他小時候的生活，在冷漠無情的家庭裡，沒有體驗過友善、溫情的對待。對於大人的冷漠或拒絕，容易形成恐懼不安，總是須極力討好、順從，壓抑自己的失落與失望。並且基於要生存的緣故，努力討好對他冷漠及忽視的大人，如果沒有滿足冷漠的大人，就會自覺有罪惡感，認定自己為「不好」，不值得獲得他人的肯定及重視。

在長期自覺為「不好」的情況下，當善待、溫暖、體貼與理解等「好」的滋養性經驗來臨時，他懷疑、排拒、阻斷，甚至惡意攻擊了真正對他好的人，都不自知。反而引發了不安、自卑情緒的人，才會令他產生不得不的趨近、示好。

那些讓他可以經驗到安全及信任的關係，他卻無感、輕視，或是濫用和糟蹋。

那個人，真值得你如此耗盡一切嗎？

也許，這樣一個情感矛盾及進行反向行為的人，是你，或是關係中的對方，以至於我們在關係中難以安穩。越是對我們好的人，總是越會被輕視及忽略；而越對我們漠視及惡待的人，我們越關注及越在乎。

或許，這也是人天性上的「好征服」傾向。越不如願的、還未成功的挑戰，總是越想要去征服，越是不相信自己辦不到。

於是，那些對你置之不理的人、越是不想珍惜你的人，你越往前貼近，如蛾撲火，看不見火的危險及毀滅，誤以為火光是美麗迷人的呼喚，卻不知是一趟往死裡去的方向。

甚至，還一直說服自己，即使受苦、受傷、受痛，也要忍受，直到對方能夠發現你才是那個對他最好的人，最沒有離棄他的人。你不顧一切的想表達你的忠誠，卻從來沒有想過：這一個人是否值得你的忠誠？

矛盾與錯亂誤導了我們

如果我們有自然且一致的情感，那麼，我們的情感，不是該回應那些對我們好的人嗎？而對於傷害我們的人，不是該遠離，且該以拒絕或厭惡來表達嗎？

可惜的是，矛盾與錯亂的情感，在我們的文化中已經存在許久，像是：對我們施以懲罰及虐待的師長，我們必須投以敬畏和討好的心；羞辱、剝奪及傷害我們的人，我們被要求必須很快的原諒、諒解或示好；對我們惡言惡語的、施予暴力的，我們要委曲求全，甚至哀求他不要憤怒，努力平息他的不滿……

我們對自己受到惡待及虐待的感受，完全錯亂，不停的要自己習慣並接受痛苦的發生，要自己忍耐，也要自己努力維持平和。為了不觸怒那讓人感到恐懼的對象，不激發對方更多的情緒暴力，我們扭曲了自己的感受，要自己全神貫注於他的需求，努力的讓他滿意；而在不知不覺中，讓他滿意、讓他不會生氣，成了我們生活中最重要的事。

即使，這種長期的身心傷害或剝奪，已使得你精神耗弱和長期抑鬱，你也感受不到自己真實的狀態。更確切的說，你絲毫不知道自己置身在「折磨」的處境中，那人以折磨你為樂、以控制你為成就，你卻渾然不覺，連一點兒自覺自己在承受傷害，都沒有感覺。

折磨及惡待絕不是宿命所定

當我們對自己的感受產生了矛盾的情緒及反向的表現時，我們會要自己接受這種被迫的傷害行為，並認為其合情合理。

事實上，絕大多數的虐待行為是無意識的發生，無法被辨識出來的。也就是說，除非個體知道「自己受傷害了」，並且深知自己有「免於受傷害」的權利，才可能主動的離開一段受虐待及被迫接受傷害的關係。

由於，我們可能自小就處於一個「暴力」、「虐待」、「情緒傷害」的家庭環境中，使得我們在原生家庭的依戀關係裡，必須合理化這些傷害的發生，或是被迫去接受這些痛苦的壓迫。

而為了說服自己接受這些情況的發生，並習以為常，我們不僅會麻痺痛苦的感受，同時還會有矛盾及錯亂的情感反應，誤以為那些強烈的傷害及虐待為愛，以為那是關係中，必然要存在的狀況。
如此，我們也就難以分辨：
何為健康且正向的關係？
何為自然且一致的情感？

也就很容易在成長過程中，被類似的人吸引（會引發我們不安及羞愧，而想討好、努力順應的對象），進入一段很熟悉的關係模式，不自覺的重演那些受折磨及受惡待的情節。

然後，以為這是自己逃不掉的宿命，只能受盡關係裡的折磨及痛苦。

真正的愛裡，沒有恐懼，也沒有傷害

親愛的，不是這樣的。

我們或許受那些會引起我們不安及恐懼的對象吸引，以為要獲得他們的認同及在乎，才代表我們夠好、有價值與值得被愛。但真正的愛，不是這樣的。不是靠「哀求」、「討好」、「順應」、「供應」才能換來的。**真正的愛，是尊重、是疼惜、是包容、是保護，也是重視。**

如果你的身心痛苦，對方從不心疼、在乎或不捨，那又如何可說當中有愛呢？**真實的愛，是能讓自己更好，也讓彼此更好。**

在關係中，若是循環式的折磨、惡待（羞辱、攻擊、挫敗、漠視、忽略），又哪來會讓關係更好的滋養和維護呢？

真實的愛，不僅能讓傷痛得以痊癒，也能讓關係中的兩人，修復過去生命的負向經驗，**真正的讓人更珍愛生命，而不是更糟蹋或耗損彼此的生命。**

如果你長期處在一段矛盾感受的情感關係中，或許，你需要的是去誠實面對內在的感受，不再逃避、不再合理化，也不再壓抑。一旦你能認同自己的感受了，也能開始分辨出愛裡沒有恐懼及傷害的話，那或許你就能真正的知道，你的關係究竟是不是愛。

55-3886
STUDIO A
0800-067-167

New style in!

【混淆型偽愛關係檢測】

對於關係，是真實交流的愛？還是習慣性的依賴？

對於「矛盾的情感」，問自己以下的五個問題：

1.在這段關係中，你的情感反應常出現不一致嗎？　□是　□否

2.在這段關係中，你的喜歡和厭惡，總是無法真實的表達嗎？　□是　□否

3.在這段關係中，你常可以感覺到來自對方的不滿意和惡言惡語嗎？即使如此，你也不敢遠離對方，並努力的叫自己要接受痛苦嗎？　□是　□否

4.在這段關係以外，常有人告訴你，你不該過這樣的生活嗎？但你對於他們的勸慰，總是感覺煩心和有壓力嗎？　□是　□否

5.在這段關係中，你常感覺到自己越來越虛空，內心也常感覺到混亂嗎？內外感受和表現也常出現不一致嗎？　□是　□否

接著，請誠實回答自己：

- 這五個問題，當你得知自己的答案時，你的感受是什麼？
- 對於你的關係，你可以感受到自己的「安心」嗎？還是「不安」常常作祟呢？
- 在關係裡，你常看見自己的偽裝和隱藏嗎？你越來越不知道真實的自己是什麼嗎？
- 這些問題的答案，正在告訴你自己什麼呢？你如何看見自己的真實關係處境呢？

自我心理增強

還給自己真實的感受。有真實的感受，才有真實一致的自己。若真實一致的自己不存在於關係中，關係哪可能有真實的愛和一致的情感呢？到頭來，你可能不知道自己在關係中，真正需要的究竟是什麼，真正渴望的又是什麼。為了控制周遭環境不要變動，用盡心力的討好，內心的空洞和矛盾感，還是揮之不去的。

Type 6

汲取型關係

如幼兒般無止境的索求

【依賴成性的關係】

從生命初始的重要倚賴說起

雖然我們在母體的子宮中受孕育的那九個月，沒有留存清晰的記憶，來回想那究竟是什麼樣的經驗，但我仍邀請你試著冥想：胎兒在母親的子宮中，那種全然的安全及不費力的狀態，特別是胎兒不需要去擔心能不能生存，只要母體在，所需要的生長養分就由母體，通過臍帶，供應給胎兒。

這是我們依賴的開始。

我們的生命一開始，就是如此——無法獨活，必須依靠母親餵養及供應所需的一切。特別是在子宮內發展成人的這九個月，我們與母親是一體的，共生共存，一切如此自然，就是需要倚賴著這個讓我們能安全生長的母體。

然而，當我們出生後，正式的宣告了「我」是一個獨立的個體，誕生在這個世界上。從躺、臥、趴、滾、爬、站、走……透過一連串的發展及鍛鍊，「我」開始能辨識出，原來「我」與母親是不同的兩個個體。這樣的分化很重要，確保孩子漸漸瞭解，身為一個獨立個體，他有自己的感受、情緒、想法與價值觀，也有自己行動上的自由及自主。當然，也有自己的責任和所要承擔的生存壓力，包括要能夠自力更生、要能夠在社會上生存、適應與他人及與社會的關係……等等。

這是一段個體發展的歷程，當中有許多關卡和挑戰，來學習生存過程中必須要學會的許多能力，包括技能和態度、方法和知識。

依賴，有什麼跡象？

但是，並非所有人的環境，特別是原生家庭，都能夠給予孩子適當且正確的發展機會。過於忽略及過於寵溺，過與不及，都將使孩子停滯在「幼兒」的階段，不是無成長轉化的動力，不然就是必須一直仰賴、汲取他人的供應度日。

成長的過程，孩子需要透過自律及負責任的方式，鍛鍊自己的「幼兒性格」成長，轉化為成熟、有承擔力的成人，如果外界持續供應和給予，個體就會錯過許多練習及學習的機會，以至於，即使生理及心理年齡都該一致的長大成人了，心理年齡卻往往停留在「幼兒」的狀態，遲遲無法為自己的生命擔負起責任。甚至會有不合理的期待，希望身邊有個像母體一樣的人，永遠供應他所需的一切養分、照料，以及處理所有事物的一切後果。

如果，你處於這樣的關係中——無論是他人依賴於你，或是你依賴於他人，甚至兩人相互依賴，那麼這樣的關係，也不是愛。這是為了保障能「生存」，免於受累、缺乏，而找上一個人，進入這一段關係。

何謂依賴呢？就是依靠著別人或事物，而不能自立或自給；在思想上，常想著要靠別人，或是那個誰、誰、誰該來為自己提供需要。如此不僅喪失了獨立生活的能力和精神，還缺乏了生活的責任感，甚至造成了人格上的固著，只想過不勞而獲的生活，貪求享受，無法適應社會生活的運作。嚴重的依賴傾向者，甚至會做出危害社會和他人的事，走上違法犯罪的道路。

吸食宿主的菟絲子

這樣貪求依賴（被滿足、被照顧、被給予）的個體，在關係中，將會猶如類似於寄生蟲的狀態，附著於宿主，漸漸占據宿主的主體，也吞噬掉關於宿主身上的一切，將養分、資源、能量，都完全吸吮殆盡。

又猶如菟絲子，這是一種需要依附在別的植物上才能生存的植物。菟絲子並沒有固定選擇依附的物種，通常為菊科類或豆類。通常一旦菟絲子發現了宿主，便會纏繞上宿主的莖，此時，其不定的根會穿入宿主的莖，發育成特化的吸器與宿主的維管束組織產生連結；在其生長過程中，它會產生多個吸器與宿主連結。

由於菟絲子是一群生理構造特別的植物，其組成的細胞中沒有葉綠體，所以必須利用攀緣性的莖，攀附在其他植物上，從接觸宿主的部位發育為特化的吸器，進入宿主直達韌皮部，吸取養分維生。被菟絲子吸取養分的其他類植物，往往最後都因此枯竭而死。

為了自己的生存，於是必須搜尋到「強能者」。藉著依附，而深入「強能者」的所有生活面向，以滲透的方式占據「強能者」的一切，像是時間、空間、環境、作息、

gorgeous
Fall Styles
來店禮
gorgeous
Fall Styles
滅火器
Fire Extinguisher

物資、情緒……每個生活的細節，都一一掌握，並且要「強能者」不停止回應、關注及供應。如果無法得著滿足，心中難以調節及克制的憤怒及不滿，便化為強大的情緒，威脅及干擾「強能者」的身心。「強能者」必須不中斷的滿足他、供應他的需求。

依賴者，往往沒有人我界線的概念，事實上，他們對於界線毫不在意。也因為沒有界線的概念，因此，只要他認為想要或需要的對象，他的吞噬力及滲透性，常常讓人大吃一驚，幾乎到無孔不入。

強能者與依賴者

這樣的依賴者，容易找上誰進入關係呢？

這個答案，最容易聚集在「強能者」身上。強者、能者身上所擁有的東西，是依賴者所看上的，除了有形的資源或物質，往往是強能者身上的能量、關注、照顧、承擔，乃依賴者所要汲取的。

但並非依賴者出現，強能者就一定會回應或供應，所以若要真的形成一種依附關係，必須是強能者身上具有某種課題存在，以至於無法拒絕依賴者的依附。這份課題，來自於內在的驅力，即一直想證明：「**我是被需要的。**」只要稍稍起心動念：「**讓我來照顧你吧！**」或是：「**讓我來讓你快樂吧！**」那麼，這樣的關係，就會開始進入難以分割的「依賴性關係」。

當然，在情感關係建立的初期，這種對另一個人的生命希望給予回應，以及渴望對方能感受到快樂、幸福的心情，是非常普遍的，否則也構不成情愛關係。這樣的心情所給予的對象，若是具有獨立、成熟自我的個體，那麼這一份心情會得到珍惜及回饋，對方也會相同的想要回應你一份心意，希望你同樣獲得快樂與幸福。

但是，若遇到的是依賴性的人，他不會關注你，也無法回饋你這一份心意，因為他關切的只有自己。他不會顧及你的狀態、你此時此刻的感受、你現實中做得到或做不到，當然也不會顧及那些現實中的困難或問題。他要便是要，要你給予就是要你給予，他不願意思考現實的處境，也不願意瞭解可行或不可行。這並不意味他的智商能力無法做思考，而是心理層面的幼兒性格，善於耍賴、執拗，迴避成人狀態的各種功能，拒絕協調、溝通及討論。他用盡所有力氣所做的，只是想控制你，而你必須來滿足他。

依賴是可怕的無底洞

在我們的成長過程中，對於「人格」的理解實在少之又少。家庭或學校所教的「認識他人」，又往往淺薄的將人大致分為「好人」、「壞人」，以至於我們無從真正的認識他人，只剩簡易的方式去把人粗略的都視為「好人」，不然就是一概視為「壞人」、「危險的人」，卻無法真正透過相處及交往，慢慢的認識他人。

若你進入的是一段「依賴性的關係」，那麼處在這段關係裡，你勢必會感到大量的疲憊，那種做了又做、給了又給的感覺，必須要不停的回應、不斷的關注。並且，你若好好的靜下心來感受，會發現不知道從何時開始，你已失去了自己的時間、自己的朋友、自己的休閒、自己的生活作息、自己的資源、自己的能量、自己的空間……

然後，你除了疲憊，還有一種擺脫不了的窒息感，和必須努力克制住的煩躁感。

而非常令人洩氣的是，在關係中，依賴者並不會因為獲取到想要的，就滿足或滿意，而獨立成長起來。那就像是一種無底洞，始終在流失的狀態。無論他人曾經給予他任何的關愛或照顧，都不會因此讓依賴者覺得要停止汲取和依賴。他們的心中，沒有「自立」這件事。要他們獨立思考、運作、選擇及承擔，會引發他們極度的不滿，甚至引起他們的控訴和攻擊。

要脅的愛，只是依賴的一種偽裝

這樣的關係在一開始建立時，你會因為強烈的被需要，而感受到滿足。一旦覺得自己產生了被需要的成就感，以及有能力給予他人的驕傲感，很快的，你的界線就要開始崩壞，那種被占據和吞噬的感覺就會越來越明顯。而你在關係中的狀態，會越來越枯竭、憔悴、疲倦，像是被吸取了生命的所有養分，即將乾枯。

如此的關係，雖然被依賴者以「愛」做為掌控，要你因為愛的緣故，不可以捨棄，不可以丟下他，也不可以不給予……但是，若你勇敢的揭開這以「愛」為掩飾的華麗面具，或許你會見到一株死纏著的菟絲子，或是見到一隻吸食人養分的獸，也說不定。

如果你真的能見到如此的畫面，在這種情況下，你還會想著如何滿足對方的吸食嗎?還是想著，如何為自己保命呢?

【汲取型偽愛關係檢測】

對於關係，是真實交流的愛？還是習慣性的依賴？

對於「依賴的關係」，問自己以下的五個問題：

1.在這段關係中，你常感受到被無止境的要求嗎？ □是 □否

2.在這段關係中，你會感覺自己沒有主體，必須不斷的像供應器一樣，回應或給予對方的需要？ □是 □否

3.在這段關係中，當你無法回應或滿足期待時，就遭遇到情緒的抨擊，或指責的怪罪嗎？ □是 □否

4.在這段關係中，你時常感受到一種「不得不」嗎？而且無論你如何嘗試溝通，或表達你也需要自己的時間、空間、作息……對方依舊沒有任何調整的要求你全神貫注於他？ □是 □否

5.在這段關係中，你只剩下沉重及窒息的感覺嗎？ □是 □否

接著，請誠實回答自己：

- 這五個問題，當你得知自己的答案時，你的感受是什麼？
- 對於你的關係，你可以感受到自己似乎一直在承擔嗎？無論是你的或對方的責任，全都在你身上？
- 在關係裡，你會常感受到自己快要窒息，卻又有無法擺脫責任的壓迫感嗎？
- 這些問題的答案，正在告訴你自己什麼呢？你如何看見自己的真實關係處境呢？

自我心理增強

健康、成熟的親密關係，是兩個成熟、獨立的人，所建立的互為主體的關係。彼此維護獨特性的存在，彼此欣賞和支持，同時懂得對方的限度和需要的尊重。

若是依賴汲取的關係，將會有一方持續的處於幼兒狀態，而讓關係嚴重失衡，直到一方被掏空、崩潰、耗竭，甚至一起毀滅。

A

Type 7

照顧型關係

不允許自己軟弱

【以強大的照顧形象維繫關係】

是堅強？還是逞強？

你一直以來，對自己的要求就是「堅強」。從小到大，你謹記著那些沒有人可以讓你依靠的孤單和無助感。從有記憶以來，你就不斷的對自己耳提面命：**「你不要想依靠任何人，這世界沒有任何人可以給你依靠。」**

你為了不再讓人欺負你，也不讓人看見你的弱小及無助，你要自己變強，變得有能力，讓人家看到的，都是你的堅強和能力。你討厭那種被人視為弱者的感覺，討厭那種被人瞧不起的感受。

你成功了，真的成功了。你靠自己掙得人生的一片天，也有能力在這個世界生存，和人競爭。你吃下許多的苦頭，忍人所不能忍，讓人對你折服，也證明了自己的生命，堅不可摧。

然而，你不懂的是，為何在你身旁的人總是這麼軟弱？總是這也不行、那也不行？想那些年，你都一個人走過千辛萬苦，把不可能化為可能。為什麼你都這樣走過來了，而別人卻總是一把眼淚一把鼻涕，不然就是東怨西怨的，怪東怪西？

你的真實感受，躲在哪裡了？

你不讓自己怨和哭。怨或哭，對你而言，就是「弱者」的表現。你告訴自己，沒有辦不到的事。事在人為，即使有困難和挫折，咬著牙，也一定能衝過。

所以，即使是他人的事、他人該負責的，但他人不願意承擔，而退縮、逃避或相應不理，你就會要自己承擔起來，因為：「事情總是要有人做嘛！」

於是，事情一直來一直來，而別人又不值得你信靠，於是你只好要求自己一直撐著，一直承擔下去。你不知道什麼是累，什麼又是苦。說正確點，你感受不到自己的感覺，也不懂他人怎麼感覺這麼多？怎麼一個不高興、不喜歡，就可以什麼事都不做？

你沒有看見你自己，自然也看不見，在你身旁的關係，為何總是來跟你「要」：要你解決，要你承擔，要你給予，要你處理。那些事情，明明他們也可以做、可以解決、可以處理，但還是這麼習慣的覺得，你都沒問題。

如果要認真的感受、認真的回想，其實你不是真的不會累、不會怨，而是你強大的意志力，叫自己不要停下來去感受、去體會。所以，你善於迴避自己，疏離自己。

你從不迴避事情，讓事情不斷的來，不斷的去面對和解決。你證明了你的能力和價值，卻因此，遠離了自己，不知道自己究竟在過著什麼樣的日子。

在關係中，也是如此。你的另一半依賴你的強大，卻也懼怕你的強大。渴望你的給予，又在你的給予中，自卑。

而雖然你在關係之中，但你的人生信念：「**你不要想依靠任何人，這世界沒有任何人可以給你依靠。**」仍時時左右著你。你從來就沒有意識到自己的脆弱和限制，又怎麼可能坦承自己也需要對象可以依靠呢？

在你的關係中，你習慣當一個有能力給予的角色，總是想著對方的需要，努力的解決對方的問題。你以為，只有讓別人需要你，才能證明你有能力，不僅有能力處理好自己的生活問題，也有能力照料好他人的生活需要。因而，你從來不會去向人討、去要，那對你而言，是一個會引發羞愧及「我不好」的感受的事。

所以，你的關係始終在這樣的循環中：別人來要、來討，你努力的給予、回應。即使感受到一時間無法給予，但是自責及自我要求也會讓你不斷的想辦法，盡力的去讓別人滿意、滿足。

看見自己內在的需要

這個必須要當強者的意志力，讓你的關係，只剩下承擔和滿足他人。你不僅無法感受到另一個人的珍惜，也無法因此就得到另一個人的肯定。

而最讓你痛徹心腑的是，當你終於撐不住，感覺到自己也需要一點兒溫暖及安慰、一些關心及體恤時，對方冷冷的對你說：「你不是很行？」

或是，在你以為是為對方付出，希望對方不要承受太多的艱難或受苦，而選擇默默承擔時，你發現他的心，關注的是其他的人、其他的關係，這令你感到受傷、委屈、難過，也充滿了疑惑。你不解，為何這樣的付出沒有喚來對方的看見，難道他不知道，其實你也會累、也會苦的嗎？

於是，你憤怒、你挫折、你破口大罵。而在你終於承受不住，克制不了自己的情緒崩潰後，聽到的是他再度冷淡對你說：「我不覺得我被需要，那個人比較需要我……」甚至，他告訴你，你一直都太強悍了，都只相信你自己，別人在你眼中只是沒有用的傢伙。而他不想再當在你眼中，那個沒有用的傢伙了！

在這一刻，你才驚覺原來你自己也會感到脆弱，也會覺得受傷。也才開始意識到，你始終沒有真正的看見自己，沒有真的體會到自己不是鐵打的，就算再有能力，也並非不會耗損。

你以為，不斷的承擔、不斷的付出，終將能讓對方看見你的承擔，也感謝你的付出。即使沒有感謝和肯定，總是能多一點兒疼愛你一些，畢竟，你是那麼的不會為自己喊苦，不會為自己推拒任何的承擔。

但是，這一份期待，還是不斷的落空；這一份等待，還是始終沒實現。

你可能因此再次的落入**「不要想依靠任何人，這世界沒有任何人可以依靠」**的思維中。你因此更加確認，他人不會真正懂你的付出，他們總在利用你之後，得到你的幫助後，便會沒有任何留戀也沒有任何的歉意，就離去，就消逝得無影無蹤。

你沒有真正看見的是，你如何的被「弱者」吸引，如何的想照顧他們。你絲毫不察，「弱者」會勾動你內在壓抑的「脆弱」及「無助」，那是你不允許自己感受、不允許自己承認的自己，卻在瞧見他人的「脆弱」及「無助」時，毫不猶豫的啟動了「憐憫」心。

你無法看見他人的弱小，也無法看見他人受苦，你要以自己的能力，讓他人的生命可以得到妥善的照顧和保護。

你自小就只能依靠自己，所以你明白沒有人可依靠的恐懼及驚嚇。但是你這一份明白，不是給自己，而是給了另一個人。你沒有真正懂的是：**需要你保護和照顧的，是你的內在曾經歷過的無助和脆弱。**內在的你，真正渴望的是一份安穩的照顧，和讓你感到安全的保護。

平衡的關係，可以剛強，也可以脆弱

除非你願意承認自己內在的渴望，也承認自己真實的需要，那麼，在關係裡懂得愛護你的人，才可能存在。

雖然在親密關係裡相處，有照顧的成分，但這一份照顧，是相互的照顧、相互的支

持，而不是一方必須永不停歇的擔任「照顧者」，另一方只要一直擔任「受照顧者」。

都有「照顧能力」的兩人，才能是真正懂得照顧「關係」的人。

當你真正的願意體驗被照顧、接受被關懷了，你也才可能在關係中，感受及享受被照顧的幸福及滿足。你的付出及獲得，才不會永無止境的失衡。

容許自己能經歷自己的脆弱，容許自己能接受靠近及撫慰；不讓關係只剩下照顧和逞強，而是有真實的靠近、相互的支持及分擔。讓關係中的兩人都因關係的存在，而經驗了自己的脆弱，也經驗了自己的剛強。

【照顧型偽愛關係檢測】

對於關係，是真實交流的愛？還是習慣性的依賴？

對於「強大的照顧者」，問自己以下的五個問題：

1. 在這段關係中，你有你的需求和渴望，卻從來開不了口嗎？ □是 □否

2.在這段關係中，你常常認為自己沒有照顧對方，就會產生罪惡感及不安感嗎？
□是 □否

3.在這段關係中，你總是認為，你有責任要讓對方的生命「翻轉」或「改善」嗎？
□是 □否

4.在這段關係中，你感覺自己常常是處於「照顧對方」，而失去自己的狀態嗎？
□是 □否

5.在這段關係中，你只剩下壓力和永無止境的疲憊感覺，卻感受不到平衡的關愛嗎？
□是 □否

接著，請誠實回答自己：

．這五個問題，當你得知自己的答案時，你的感受是什麼？

．對於你的關係，你可以感受到自己似乎一直在承擔嗎？無論是你自己的、或對方的生命責任，全都在你身上嗎？

．在關係裡，你會常感受到自己不能倒下嗎？有無法卸下的「必須要堅強」的外殼嗎？甚至，你根本無法經驗到自己的脆弱及需求？

．這些問題的答案，正在告訴你自己什麼呢？你如何看見自己的真實關係處境呢？

自我心理增強

照顧者，是源自於在原生家庭學得的角色及責任，也是習慣維繫關係的方法。但建立親密關係時，若還是以照顧者自居，以堅毅形象來承擔另一人的生命責任，則兩人的生命課題必然混淆，雙方的個體界線也將混亂，從而產生情緒混淆（分不清楚什麼是我的、什麼是對方的），在關係裡，兩人皆無法得到滋養性的成長。除了自認無法卸下照顧責任外，在關係中，也很難真正經歷到親密感和安心感。

Type 8

拯救型關係

誤把同情當愛情

【你是「同情者」或「拯救者」，而不是情人】

這樣的愛，只是誤會一場？

人的關係，事實上是很複雜的結合。特別是看似為愛的關係：剎那間的吸引和親近，是一種多因素聚合的化學變化，無論是有意識到的因素或無意識到的因素，都在當中，讓關係得以結合。但是，究竟一個人為什麼會「愛」上另一個人，實在是撲朔迷離。

而有一種關係的結合，是奠基在「同情」的拯救心態上。

同情，原本是對人發生不好遭遇的一種憐憫，也是對自己「免於不幸」的一種慶幸，所投以想彌補遭遇不幸的人一些補償的心態。那種基於「我有」、「你沒有」的比較，而會產生一種對可憐者的同情心態。

產生同情心態時，很容易共生出「拯救」心態——希望為對方的生命擔負起改造的重責大任，想要對方從此「過著幸福快樂的日子」。

當一個人不自知自己是一個「凡夫俗子」，而誇大了自己的能力、誇大了自己的形象時，那麼，他會同時漠視了他人的能力，也矮化了他人的位置。這種上對下的不平等位置，很容易促使關係中的兩人，進入無止境的「受害——拯救」的循環。

擔任受害一方的，在生活中，不間斷的抱怨，感覺到環境處處都在迫害他、為難他，並且反覆經歷到被世界傷害和背棄。甚至，他要拯救者幫他打擊那些邪惡、懲罰那些傷害他的人。

拯救者，出於需要價值感，或需要維持自己正義或是忠良的形象，而跳進維護受害者的保衛戰裡，成了英雄，因此得到了受害者的傾心及依賴。然而，這也為這一段關係設下了基調，啟動了模式，進入了必須時時刻刻救援受害者的狀態，無論對方的心情、對方的需要、對方的渴望、對方與環境之間的衝突或對立是如何。

受害者一方所存在的心理狀態，始終保持在弱小無助的幼兒性格，無法真正擔負起自己的生命責任。無論年齡是多大了，內心始終抗拒成長，也抗拒負責。生活就必須一直仰賴著拯救者或同情者的存在，讓他持續得到保護、供應和拯救。

同情，為什麼不等於愛情？

同情，難道不可能成為愛情嗎？拯救，難道不能讓兩人的愛堅固嗎？

若你疑惑為什麼不行，那也許你要想想：如果今天，令你同情的因素或條件消失了，你仍會愛嗎？仍然會留在關係中嗎？

或是，當你無法再擔任有能力給予照顧、有能力給予拯救、有能力去解決問題的人時，對方會願意一同承擔、一同面對與一同解決嗎？

還是，你會為自己無法拯救而感到失落？感到自己沒價值及不重要？甚至，感覺不到自己的存在感，而茫然及焦慮？

即使你可以確保在關係中，持續擔負「同情者」的角色，給予改造、拯救、救贖、填補，你能給到幾時？你的其他需求呢？那些也需要得到滿足的渴望和想要呢？

那位「受害者」能給嗎？能回應嗎？能滿足嗎？

你要因此發展多段關係，從不同關係獲取滿足嗎？

這只是一種「補位」的情感

同情和拯救究竟是否為真實的愛，時間自然會證明，現實自然會考驗。但是，你的好，不該是用來讓人消耗的；你的能力，也不是用來拯救依附者。真正的親密關係，不是如此，而是**兩個人都有生命能量，願意讓兩人一起更好，而給予的相互成全，以及相互提升生命狀態**。

若心理的扭曲是受過去早年傷痛的影響，則無論是拯救者或受害者，都可能輕易進入同情關係，以「拯救」和「救贖」來做為你們關係的維繫，並且誤以為這是愛。但其實，這不是愛。這段關係，勢必走到不健康的狀態，而彼此耗損及走向生命品質的低落，是在所難免的路徑。

如果你自覺了，不論是從拯救者的位置自覺，或從受害者的位置自覺，你都需要明白，從這兩個位置去抓取的關係，都不是愛，而是各自在尋找可以填補內心空缺的那個人，進入關係。

拯救者，在關係中，要證明自己的能力和英雄氣概（某些自己設定的人生角色）。

受害者，在關係中，要證明自己可以有能力牽動他人來為自己付出，從中得到無限滿足的需求。同時也能迴避真正面對問題，以及逃避承擔自己的責任。

拯救者和受害者的關係，在一開始，絕對是非常穩固且激情的。一方可以感覺到自己猶如英雄般，讓另一方景仰、愛慕；而另一方，則會感受到自己可以躲進堅強的臂膀裡，始終成為被保護及捍衛的對象。這種情感相互吸引的強度，往往非常強悍而巨大，讓人感覺到有如公主被王子拯救般的幸福。但這並非事實。事實是：拯救者，以「拯救和同情」來維持自己的高自我期待，以及自己需要的高自尊；而受害者，以「獲得同情及拯救」來迴避承擔自己的生命責任，面對自己需要負責的生命課題。

如果透過關係，雙方都有不願意坦誠面對的自己，又如何在關係裡有真實認識，及真實的交流呢？

一旦活在角色的設定及心理遊戲的運作下，人與人之間，只是各自在演出自己的心理劇本，並拉進對方來配合演出。要是對方不配合演出了，則形成強烈的挫折感及委屈，更可能引發攻擊及羞辱。

假如你是長期處於這樣的關係中，卻開始感覺到這關係的空洞及不真實，或許你要誠實的面對：你們的關係真的是情人？愛的連結？彼此平等的關係？還是，其實打從一開始，你們就不是建立在「愛」的感受上，有能力去愛，也有能力接受愛。

【拯救型偽愛關係檢測】

對於關係，是真實交流的愛？還是習慣性的依賴？

對於「拯救的關係」，問自己以下的五個問題：

1.在這段關係中，你始終都像救援的角色嗎？如果沒有全神貫注的挽救對方，就會擔心對方性命不保？ □是 □否

2.在這段關係中，你常認為沒有讓對方快樂起來，就是你沒能力，而要自己給予更多嗎？ □是 □否

3.在這段關係中，你總是認為你有責任安撫對方的生命狀態嗎？如果稍有起伏，你便充滿焦慮和急切嗎？ □是 □否

4.在這段關係中，你感覺到自己常常處於「救生員」或「救火隊」的狀態嗎？因此自己的生活和社交圈，完全蕩然無存？ □是 □否

5.在這段關係中，你常感到自責、無力感，卻又無法不去因應對方的需求和控訴嗎？

□是 □否

接著，請誠實回答自己：

．這五個問題，當你得知自己的答案時，你的感受是什麼？
．對於你的關係，你可以感受到自己似乎必須一直「當超人」嗎？當你無法滿足對方時，對方便總是向你訴苦、要求，甚至威脅嗎？
．在關係裡，你時常感受到自己必須一直承擔對方的生命責任嗎？而你的需要及狀況，對方絲毫不關切，也毫不顧慮？
．這些問題的答案，正在告訴你自己什麼呢？你如何看見自己的真實關係處境呢？

自我心理增強

你的好，不該是用來讓人消耗的；你的能力，也不是用來拯救依附者。真正的親密關係，不是如此，而是兩個人都有生命能量，願意讓兩人一起更好，而給予的相互成全，以及相互提升生命狀態。

Type 9

幻想型關係

明知錯了，也要繼續

【不願接受當初的美夢幻滅】

對於感情，每個人有各自的想像

人的情愛關係，一開始構成的首要條件，就是投射出的想像：想像對方是什麼樣的人，想像對方有什麼樣的迷人之處，想像對方和自己的未來有多麼的甜蜜幸福……隨著關係越來越熟悉、兩人越來越頻繁的接觸，以及時間的累積及印證，究竟那個人是不是自己當初所以為的，就會逐漸認清。

就像阿豪的故事。

透過相親的安排，阿豪認識了一個看起來文文靜靜的女孩，有著正當的工作、普通的嗜好。

阿豪過去的幾次感情經驗，都是黯然分手，不是因為個性上的衝突，就是因為對方有了其他的感情對象。有了前幾次的情感受傷經驗，阿豪想要定下來了，他不想要再經歷情感的波折和挫敗，所以這一次，在準備和女孩交往之前，阿豪認真的詢問對方：是不是以結婚為前提進行交往？並且，是否願意在短時間內，建立屬於他們的婚姻和家庭？

女孩羞怯的點頭，同意是以結婚為前提進行交往，並且強烈的表達願意配合阿豪，在短時間內建立婚姻和家庭。

於是，他們像是趕進度一樣，交往半年後，提親、結婚，不到一年即宣布懷孕。

第一年還算風平浪靜，也常有甜蜜的兩人時光，逛街、看戲、看房子、準備家具、準備婚禮。期間，女孩表現得善解人意，尊重長輩，讓長輩不禁希望兩人趕緊完成婚禮，誕育下一代。

不久，阿豪的新婚妻子確定懷的是男孩兒之後，突然的性情大變，判若兩人，不僅將阿豪的枕頭、衣物推出門外，要他去睡客廳，還不斷批評阿豪睡覺鼾聲太大，擾亂她的睡眠。阿豪為了妻子肚子裡的孩子，希望以和為貴，於是總是忍讓，希望避免衝突。然而，情況越演越烈，妻子稍有任何的不滿意就摔物品，或是破口大罵阿豪笨、沒出息。

阿豪以為是因為懷孕的辛苦，總是忍讓的安撫妻子，一切都照著她的意思，只要平安生下兩人的孩子，他願意為他們母子付出更多。

生下了孩子後，妻子仍不願意阿豪同房睡覺，只是要求阿豪負責照顧孩子。產後的妻子，開始拒絕阿豪的求歡，若阿豪對妻子有共享魚水之歡的要求，妻子就毫不留情的辱罵阿豪糟蹋她的身體，讓她不舒服，甚至罵阿豪喪盡天良、豬狗不如。

為了讓孩子有一個完整的家庭，阿豪要自己忍耐妻子的情緒。每當阿豪提議妻子去醫院，尋求醫療診斷，妻子就會拒絕說自己好得很，有病的是阿豪。若是告訴妻子，一同去接受婚姻諮商的協助，妻子不是把阿豪罵得體無完膚，就是冷淡以對。就這樣，他們婚姻的四年，都在一方強勢跋扈，一方忍氣吞聲下度過。

後來，遇到了阿豪父母相繼生病離世，妻子不僅不探病，也在喪禮時拒絕參與出殯、拒絕協助處理後事。給出的理由是，本來就很不喜歡喪禮這回事，而且和阿豪的父母「關係不熟」。

阿豪和弟弟、妹妹，獨力完成了送父母親的最後一程。但沒想到，喪禮完後的遺產繼承，是一連串噩夢的開始。妻子不斷的要求把房屋名字改成自己的名字，要阿豪以此證明有為妻兒著想，但畢竟是家族留下的祖厝，阿豪拒絕了。妻子為此每天哭鬧，說阿豪自私，不願意和她分享財產，並且要脅阿豪，若不更改名字，她就要將兒子帶走……

為何緊抱著幻夢不放？

這個故事就說到這兒，因為過程複雜而混亂，雙方總是各自表述，各有堅持，最後，也只能走到向法院訴請離婚的地步。

阿豪說，一開始他以為的這個美夢，後來竟然變成了他的噩夢。原以為找到了一個愛自己的女人，結果不僅不是這樣，還像遇到了詐騙集團，想要把他家裡原本的資產都占為己有。阿豪當然明白，這個結局苦的是孩子，雖然如此，他表示仍會盡量給孩子一個父親的愛。

我問阿豪：「在這當中，你如何能承受將近五年的時間，都在這種猶如地獄般的處境生活？」

他無奈的回答：「因為不相信這個夢，這麼快就要破滅了。」

我又問：「對你而言，你一直想保留的是什麼樣的夢？」

他沉思了一下，苦笑回答：「就是有一個人，和我好好的相愛，平淡的過完一生。」

終究，我們要回到現實

或許阿豪的故事，只是一個特例，但他的故事卻讓我們瞭解到，立基不對的關係，是無法長久的。自顧自幻想的美夢，不論想得多美，當它和現實離得太遠，就必須碰到大夢初醒的驚醒時刻。只是，當夢碎裂成一地，你所失去的，究竟有多慘重？若是幸運，也許到了夢醒時分，只是發現自己以為是愛的人，其實只是一個幻影。但若是不幸，則不僅所愛的對象煙消雲散，還可能面臨所有家產的失去，或是信譽名聲的崩塌，然後背負人財兩空的夢碎，重新尋找人生的起步。

夢雖美，卻充滿了幻想。想得越美的夢，往往給我們越大的震驚和打擊。如果，我們的心願意有更多的務實，也相信人的心需要足夠的時間，才能充分認識，或許我們才不至於被我們的腦袋矇騙，而總是透過粉紅色的泡泡來看這個世界，幻想自己會是萬中選一最幸運的那個人了。

正確切實的思考，確實比無限樂觀的單方面幻想，來得對人生有益處啊！

【幻想型偽愛關係檢測】

對於關係，是真實交流的愛？還是習慣性的依賴？

對於「不想承認幻滅」，問自己以下的五個問題：

1. 在這段關係中，你始終都像一個不願意醒過來的人嗎？不論情況多麼惡劣，你仍不想醒來？　□是　□否
2. 在這段關係中，誠實的回顧，你知道一切都不是當初所以為的那個情況嗎？而對方也不是當初所認識的樣子？　□是　□否
3. 在這段關係中，你無時無刻都在面對失落嗎？也在發現真相嗎？而真相，總是令你震驚？　□是　□否

4.在這段關係中，你感覺到自己似乎只是一個工具，或是一個棋子？而不是被視為一個所愛的人？ □是 □否

5.在這段關係中，你時常感到疑惑？而當你產生疑惑時，對方總是迴避，不然就是對你加以斥責？ □是 □否

接著，請誠實回答自己：

‧這五個問題，當你得知自己的答案時，你的感受是什麼？

‧對於你的關係，你可以感受到自己似乎一直有種說不出來的感覺，好像進入一場騙局，或是好像陷入了身不由己的漩渦？總會產生一種說不出來的懷疑，卻又要告訴自己，必須信任？

‧在關係裡，你時常感受到自己動彈不得，有口難言，似乎一切都只能任由對方支配或控制？

‧這些問題的答案，正在告訴你自己什麼呢？你如何看見自己的真實關係處境呢？

自我心理增強

真實的愛，不是粉紅色的泡泡，以為如童話故事般綺麗和夢幻。單方面的想像，以及許多藉口和謊言，都將使關係走向崩毀。不真實的關係，就像海市蜃樓一樣，除非刻意迴避去瞭解真相，不然幻影消逝的一刻，只是遲早的問題。

Type 10

空洞型關係

不存在的愛

【從未真正進入關係】

「在一起」，是指彼此的心在一起

愛是一種感受，感受「我在愛，我有能力去愛」。因為「我」愛，所以「我」存在。

而親密關係中，能夠感受到「我在愛、我有能力去愛」的方式之一，就是「我能為你的負面情緒給予關懷，並且與你一起經歷、承接，並一同走過」。而後，產生一種「我們」的情感，更加深了連結的感受。

這種能相互參與感受、並貼近感受的關係，是一種親密的歷程。若是關係中少了這一份情感參與，自然兩人的情感也就失去連結，而斷裂或疏離了。

所以，不論是愉悅的情感，或負面的情緒，對於親密關係來說，**分享、參與及「被懂」，都是兩人之間重要的心與心的聯繫。**

如果有一方，甚至雙方，都不願意敞開心房，讓親密關係的另一人進入，也不願意在兩者之間進行交流及連結，那相互理解及相互關懷將不存在於關係中。關係到頭來，也只是一場空。

枯萎玫瑰的故事

曾經有個女人，她來到我面前時，非常的憔悴。若用一朵花來形容，她是一朵即將枯萎的玫瑰，沒有生命的氣息，也沒有任何一點活著的感覺。

如此憔悴的神情，令我很快的感覺到，這是一位「沒有愛」滋潤的女性。

然後，她充滿無奈又覺得羞愧的說出了她的故事。

打從生了一個孩子之後，她和丈夫再也沒有共枕，完全沒有性愛的接觸。當她對丈夫提出需求，丈夫總是隨意的丟下一、兩句：「累了。」「早點睡。」不然就好像完全沒聽見。就像一粒石子丟進黑洞裡，一點兒回聲也沒有。

丈夫對她極其冷漠，連擁抱、牽手都沒有。吃飯的時間，丈夫也是端著自己的飯菜，走進自己的書房。

他總是沒有任何顧慮的，就能窩在自己的空間，在那裡，過他「一個人」的生活。書房，已然成為他自己一個人作息的空間。許多時候，他甚至不准妻子進入，因為書房是他的地盤。

即使妻子想清掃書房，覺得書房似乎堆滿各種東西，雜亂擁塞，他也不准妻子碰觸他書房的任何一件東西。連垃圾桶內的紙張或垃圾，也不准許碰觸。

只要三人在家，丈夫就自動的把自己關在房間。不論孩子哭、吵或生病，或是她呼叫他幫忙，丈夫都不會有任何回應。

幾年下來，她覺得「關係」實在太不對勁，空洞到她以為自己已是單親狀態，也以為自己在守活寡。

她當然委屈，多次和丈夫抗議，表示這不是她要的生活，但大多數時候則是充滿疑惑。她不知道究竟發生了什麼事，但她還是努力的求問求解，試著透過各方面的訊息及意見來改善夫妻關係，並邀請丈夫一起去求助婚姻專家。

丈夫還是無聲、無回應，頂多看她一眼，又不置可否的進入書房。她從丈夫的眼裡，看見了冷漠和鄙視，彷彿她是自討苦吃的愚婦。

而這期間，養育小孩的學費甚至是她一個人張羅的，丈夫怎麼也不願意拿出一分錢。

在無奈之餘，她充滿委屈及憤恨，但為了維持孩子的穩定生活，她要自己過好和孩子的日子。

轉眼之間，孩子透過她一個人的照顧和支持，到了上大學的年紀，離家赴外地讀書了，她才開始驚覺她不得不「看見」她的婚姻，以及她和丈夫的關係。但她依然無能為力，無論如何嘗試和丈夫互動，他都還是相應不理。即使她對關係沮喪和挫折到哭了，丈夫還是沒有任何反應。

二十年的空洞，情何以堪？

二十年來，這段婚姻、這段關係究竟給了她什麼？除了一個孩子，以及身為母親的身分和經歷，除此之外，她沒有感受到，她是有丈夫的。

所以，她臉上的憔悴無法騙人，那真是她將近二十年沒有愛的滋潤、沒有感情的呵護，也沒有任何愛的感受，只有不斷的承擔、不停的付出，扛起、撐起她以為的完整的家，所累積下來的疲憊和枯竭。

即使在這樣空洞的關係裡，忍受了二十年，沒有大好的婚姻生活，也沒有大壞的婚姻生活，但是，她終究得要誠實的面對自己的人生。

當孩子長大成人準備啟程他自己的人生後，她又該如何回應她自己生命的巨大空洞及巨大失落呢？

無法脫離，只好麻痺自己

如果是你在這樣的關係裡，你可能會在過程中，不斷的懷疑自己的價值，也會十分疑惑：是否自己沒有魅力？是否另一半出軌？是否自己做錯了什麼，以至於另一半要用這樣殘忍的方式，把你拒絕在外？

你可能在過程中，想離開，想了千萬次，但總是害怕失去了婚姻後，他人的看法。也害怕會不會是自己努力不夠，太快放棄。

更多的時候，你顧慮到孩子。在你嘗試問問孩子，如果爸爸媽媽選擇分開，他會有什麼反應時，你看見孩子總很激動的喊著：「我不要你們分開！我要你們一直是我的爸爸媽媽。我不要別人來當我的爸爸媽媽！」所以你打消了念頭，擔心分開對孩子心理造成不可彌補的傷痛。

事實上，你也怕，若你執意要離婚，將來孩子會把他心理的創傷都怪到你的頭上。你怕這個選擇，變成別人眼中、口中的「自私」和「不忠貞」。

於是，你試著麻痺自己的感覺，要自己盡量去關注工作、孩子的需要，或是其他你應該盡的責任或義務。

你很害怕感覺到自己的枯竭，尤其是感受不到愛的那種感覺，孤單、寂寞，沒有任何人可以依靠的感覺。

無愛到枯竭，會引發身心疾病

這種表面上在一段關係裡，但事實上卻失去了愛的連結，也沒有愛的滋潤和呵護，會導致我們對於自己生命的「厭惡」。內在沒有感受到被愛，因此而覺得自己不值得愛，開始引發對自己的嫌棄及批評。

當我們內心開始怨恨自己、厭惡自己，而我們又無能為力去處理和解決什麼，只能承受再承受時，這種自我否定及強烈的無力感，有極大的可能會使我們步向憂鬱的漩渦，而罹患精神上的疾病，或是引發身體上的疾病。

不論憂鬱症，或是身體上諸如內分泌、新陳代謝、消化系統、免疫系統等等相關的疾病，都與情緒壓力有關。當中的情緒壓力，不乏長時間的累積及壓抑的：憂鬱、悲傷、沮喪與挫折。

處在一段不適當的關係中，最易引發我們這些相關疾病。

如果你要整頓自己的身心，那麼，你不可能不需要處理一段不適當的關係。

愛回自己，離開空轉的關係

假如關係從一開始即是空洞，你感受到，對方根本沒有真正的將你視為他生命裡的重要他人；對於你的存在，他一句關懷或在乎、好奇及想要瞭解都沒有；你們的生活，更可以說是全然沒有交集，就算是拆開來過日子，都絲毫沒有什麼部分會受到影響的話——這一段關係，可說是「不存在的關係」。

而若這是因為對方堅持在他自己的空間裡，用他自己的方式過日子，拒絕你介入他的生活、破壞他的秩序，甚至不想因為你而有任何的調動，那麼情況很清楚了：他並不想真正的建立這一段關係，也沒有將自己的安全感需求、親密感需求及愛的需求，建立在與你的連結上。

如果，你真的想要好好認清這個事實，不再繼續以麻木來面對關係的空洞，那麼，你要為自己找到「愛自己」的勇氣，不再同意被如此任意的對待，也不再漠視自己關於親密與愛的需求。

或許，離開一段關係，不意味著我們能遇到真正有愛的連結的關係，**但至少我們先懂得了愛回自己，不再讓自己承受這種耗費生命的錯誤對待。**

如果你懂得維護自己，也開始願意心疼自己，無論未來我們能不能再建立另一段關係，至少我們確認的是，這人生不用再以麻木過日子，也不用在空轉的關係裡，將自我的價值及尊嚴，都賠了進去。

【空洞型偽愛關係檢測】

對於關係，是真實交流的愛？還是習慣性的依賴？

對於「從未真正進入關係」，問自己以下的五個問題：

1.在這段關係中，你始終覺得自己像是沒有人愛、沒有人互動，也沒有人回應的狀態嗎？　□是 □否

2.在這段關係中，誠實的回顧，你可以知道這是一段空轉的關係，甚至於根本沒有存在的關係？　□是 □否

3.在這段關係中，你常常覺得自己在面對的是一面牆，而你總是不得其門而入嗎？

□是 □否

4.在這段關係中，你常常感覺到自己越來越沮喪及憔悴？還有一股強烈的無力感？

□是 □否

5.在這段關係的期間，你確實罹患了身體上，或精神上的疾病，久久無法得到痊癒？身心的狀態每況愈下？　□是 □否

接著，請誠實回答自己：

・這五個問題，當你得知自己的答案時，你的感受是什麼？

・對於你的關係，你可以感受到自己始終是自己，一個人行動、一個人承擔、一個人照顧自己或家人、一個人要應付所有大大小小的事？

・在關係裡，你始終感受不到被當「一個人」在對待，從來沒有關注、沒有交集、沒有回饋，說到「關係」，好像就是你一個人的事，對方彷彿是幽靈？

・這些問題的答案，正在告訴你自己什麼呢？你如何看見自己的關係處境呢？

自我心理增強

你已經在空洞關係裡，自己照顧自己很久了。

離開這段關係，只是讓自己回到真實，過一個沒有包袱的人生，過一個不再麻木，能真實活著、感受生活的人生。特別是，把一個可愛的自己，找回來。

Type 11

主角型關係

其實他愛的是自己

【你永遠是配角】

什麼是自戀?

愛的關係，是講求平等的。在關係裡，兩人是「互相」的。若是一方只想以微小付出，獲得加倍的回饋，那已預告了：這一段關係，不可能走向親密真實的愛了。

雖然人有私心，害怕得不償失，而有所保留。然而，若抱著「我不付出，要等人來愛我、滿足我」的想法，那麼，這人就不是懷抱著愛來進入關係，而是帶著缺乏和被動的狀態，等著一個人進入關係。他在關係裡，勢必就是等著被另一人滿足、給予，絲毫沒有顧慮，另一個人也有獲得情感回應及情感關懷的需求。

「自戀性格」的伴侶，是無法有能力回應需求的，也沒有能力感受他人的感覺。在他的生活裡，他會花很多的時間關注自己、維持自己的魅力，或保養自己認為重要的外表及體格，也會創造許多事蹟，來讓眾人關注到他的存在。

如果，你是和這樣的一個人進入關係，一開始，你可能很難覺察對方是否是「自戀」的性格，因為他實在是太風趣、太有魅力了，也可能是眾人關注的一個焦點。但是慢慢的，你就會發現，待在自戀性格人身旁的痛苦。

你會發現，他絲毫沒有能力「關注」你，並且非常明顯的厭惡你受「關注」。他不喜歡他身旁的任何人身上有受關注的光芒，他甚至會在你被稱讚、被關注，或得到一些肯定時，酸言酸語，以貶抑及不屑的口吻否定你，隱晦的踢你一腳。

你的付出與崇拜，從未得到關懷？

自戀性格的人，受不了沒當主角。在他心中，為了維持他不墜的心理地位（高人一等），他便要不斷的找人來身邊比較，透過貶抑和否定，來顯示自己的完美及優越。

優越情結的人，無法調節去接納自己的失敗或不夠完美，因此，也傾向將問題都歸咎於他人，而把成果都歸功於自己。他不會分享榮耀、光芒與稱讚，除此之外，還會去漠視他人的努力、付出及承擔。

在這種關係中的你，是不可能獲得親密的，你只會變成一個配角，必須配合演出：他是如此優越完美，你是如此劣等差勁。

在這樣的關係裡，你無法得到愛，你被要求的是成為一個「崇拜者」或「臣服者」。一旦你沒有照著情節演出，他的攻擊及懲罰將讓你無力招架。他也不會心軟或心疼，懂得你的心會受傷及難過。對他而言，「關懷」是他從來沒有興趣的事，去和另一個人相互理解和支持，也是他從來沒有意識過的事。

他要的，很明確——找到一個關係的俘虜。他自認為的尊貴，是沒有一個人可以與他平起平坐。就算是所謂的伴侶，也是次等的，他甚至不認為伴侶該有地位。

不是你不夠愛，是他不懂愛

如果你進入了這樣的一段關係，我相信，這是你生命極大的黑暗。你不僅感受不到愛的溫暖和愉悅，還會不斷的遭遇到對方的攻擊和羞辱。

而你可能會一直誤解，以為是自己的糟糕、笨手笨腳、愚笨、不夠聰慧、優秀，才會落得這樣的對待。

但其實，不是這樣的。自戀性人格的伴侶，會無視於另一半的存在，工具化另一半。嫁給自戀者，或愛上自戀者，無疑是愛情的悲歌。

由於自戀者的自我中心，他們會利用伴侶達到功利目的。通常他們需要伴侶，來讓他自己感覺起來更有權力和魅力，受到眾人注目，一旦對方不能維持他的地位和魅力，他便會立即結束關係，以其他可以滿足條件的對象代替。

這是基於自戀者將所有感情和心神投放在自己身上，只有對自己的愛，卻絲毫沒有對他人的愛。

他們甚至會直白的說：「我是一個很自私的人，我只會想到我自己。」而愛上他的對象可能會難以置信，以為他故意口是心非，而不以為意。或認為他是因為不相信愛，才會如此，而想著：「我會改變他的。」「我會療癒他的。」

但自戀性人格的人，並非口是心非，也不是因為對愛感到受傷。事實上，他根本不懂愛，也不明白愛的意義。他認為所謂的情人，不過是藉以填補空虛。而一段關係充滿利用和包裝，往往令伴侶及孩子的身心遭受極大傷害。

放下「我」，才能真正走向「我們」

許多與自戀者的關係都有一個甜美的開始以及悲慘的結尾，主要原因在於，自戀者人格特質至少能在短暫的人際關係中，散發出風趣及自信的一面，能一時間迷倒身邊人。可是關係一旦延長，被利用的條件不再滿足，必換來撕裂與衝突，在自戀者的潛意識中，替換一個人猶如物件，並無什麼差別。

所以，即使離開自戀者，自戀者也不會反省自己在關係中的態度，更無法感受、同理伴侶和孩子所經歷到的傷害和痛苦。甚至，即刻的又可以擁有下一個愛慕者、崇拜者，自願的進入新關係。

在我的諮商職涯中，不乏遇到因為伴侶是自戀性人格，而感到萬分痛苦及受傷的當事人，而不得不考慮離開這一段充滿物化，以及充滿空洞的關係。

我們必須要審慎的思考，當一個社會不斷標榜「個人品牌」、「個人展現」時，這些促發及鼓勵自戀情境的社會文化影響，不僅將影響未來的伴侶關係，也勢必影響未來的下一代。**當關係裡，必須由「我」走到「我們」時，有誰能真的放下一些「我」，真正走進由兩人共同連結及創塑的關係裡？**

短暫絢爛如煙火般的人際關係、愛情關係，或許得來並不難，但要真正進入長時間的共同相處、連結、相互支持及關懷，就顯得困難多了。

他的自戀，不應由你承受

雖然自戀時代，是從有了3C產品後，過於強調個人展現的後果，但在過去尚未有3C產品的時代，許多人從小被過度誇大的吹捧讚美，或是被要求必須不斷的以氣勢吹噓自己，來讓人覺得自己很有本事、有面子，也都會在心裡埋下自戀性格的因子。

過於受家庭關注、過於被家庭溺愛來保護、無意義的讚賞（不是建立在完成有意義的行為上），或是從小被教導只要關注自己就好（像是只要讀好書、有好成績，其他的一切都不需要理會），都可能造成一個孩子的生命發展，成為失去同理心、不關注周遭環境、失去和人建立真實關係的能力、無法有系統的解決現實問題……等等情況的人。

而事實上，一旦形成了人格，都不是輕易說改就能改的。若你以為只要你不斷付出，不停卑微的滿足對方，或是要自己甘願做配角，自許成為對方「背後最忠實的女

50

人／男人」，對方終有一天會「看見」你的好及忠誠，會在瀟灑風流後，回到你的身邊，好好守護你的話——恐怕你對自己的能耐過於誇大，也對自己的情感需要，過於漠視。

假如一個人，自始至終都不曾瞭解過愛，也從來不需要關切他人的感受和需要，你卻始終想透過「改變」他、「教育」他，來讓他成為你要的伴侶，我相信這將是一場沒有交集的關係，而你的人生，也注定了將因此千瘡百孔。

這是你要的人生嗎？

【主角型偽愛關係檢測】

對於關係，是真實交流的愛？還是習慣性的依賴？

對於「永遠是配角」，問自己以下的五個問題：

1. 在這段關係中，你的感受總是無法被理解嗎？ □是 □否

2.在這段關係中，請誠實的回顧，你知道，其實自己一直沒有被平等的對待嗎？
□是 □否

3.在這段關係中，無論你付出多少、盡了多少力在維繫關係，對方都還是一樣無動於衷嗎？ □是 □否

4.在這段關係中，你感覺到自己一直在遭到羞辱、批評，而對方總是訴說著自己有多優秀、多麼厲害、多麼好嗎？ □是 □否

5.在這段關係中，你時常感到好像在跟一個高高在上的國王，或是一個高高在上的女王相處嗎？而你像是必須什麼都處理的管家，怎麼樣都和對方的層次不同？
□是 □否

接著，請誠實回答自己：

・這五個問題，當你得知自己的答案時，你的感受是什麼？

・對於你的關係，你可以感受到自己的委屈和心傷嗎？你時常在關係裡被冷漠以待，不然就是被羞辱或嘲笑嗎？

・在關係裡，你時常感受到自己是下等人嗎？必須永無止境的為對方的需要提供滿足，或是順從他許多的要求和指令，如果不順從，他就大肆的批評你、嘲諷你，

冷言冷語嗎？

．在你的關係裡，你曾感受到被對方的風采吸引，也曾經覺得自己好幸運，被萬人迷喜歡，但漸漸的，你發現他完全不正眼對你說話，處處都表現出「你沒資格和我說話」的姿態嗎？

．這些問題的答案，正在告訴你自己什麼呢？你如何看見自己的關係處境呢？

自我心理增強

一個人，可以不懂得如何愛你、如何尊重你，但是，你必須要懂得別讓他侵害你、折磨你。

特別是，別讓他擊潰你的自尊和自我價值。

Type 12

等待型關係

都是我的錯

【無法擁有專屬的關係】

是否，你也被如此對待？

她始終記得，小時候，父親離開的背影。因為母親是父親的外遇對象，所以他們無法名正言順的擁有父親。每當她哭著問母親：「為什麼爸爸不留下來陪我們？」她都聽見母親這樣對她說：「我們沒有資格留下爸爸。你不是那最優秀的，爸爸的其他孩子更重要，所以爸爸不會為了你留下來。」

每當她聽見母親這樣說時，她就好難過，覺得都是因為自己不好，自己不是那最讓父親喜愛的孩子，也沒有能力留住父親。她深信不疑，都是自己的錯，才讓母親總要失落、總要心傷。

在她長大後，她的關係，總會出現情感不專的對象。最傷她的一次，是最後的這一段關係，她發現對方幾乎每個星期都要約網友一夜情。

但即使她發現了，她也沒有能力離開，情感一直反覆受傷的她，不斷的怪罪自己、責備自己：就是因為自己的吸引力不夠，無法留住男人的心，無法做到讓對方滿意、滿足，才會令對方必須尋求外界的刺激和滿足。

然後，她想，對方既然是一夜情，那至少不像過去的感情，是好幾段關係同時進行。她相信，他的心並沒有背叛她，或許只要努力做到對方要的、盡力的讓對方滿意，她一定可以證明，最後他是愛她的……

看了這個傷心的故事，不妨想一想：你是否也一樣，曾經、或是正在經歷多重的關係？這意味著你的關係並不是專屬的，可能是多角的，也可能與另一個人同時擁有同一個伴侶。

許多經歷過這種關係的人，小時候都曾經歷「無法獨自擁有」的遭遇，例如：所使用的物品必須要好幾個人共用，穿的衣服是好幾個手足共穿，或是父母因為其他關係（其他感情對象、工作或生活事件）的緣故，而無法專心陪伴、關注。

有的人會在幼年時，就不斷的被告知：「你沒有資格擁有。」「這不是屬於你的。」……等等。以至於，在他小小的心靈深處，會以為是自己不好，才不值得擁有屬於自己的渴望和專屬品。因此而產生自我價值低落感，對於自己在關係裡的需求，不敢正視，也害怕表達。

他會焦慮，若說出自己的情感需求，將引發對方的拒絕、剝奪回本來所能給的，甚至憤而離去。這些恐懼，讓自慚形穢者總要自己多忍受，給予更多的包容和等待，而不敢真正的為自己發聲，也無法有力量，為自己終結這具有羞辱及失去尊重的關係。

從被動走向主動的決定

一段成熟且親密的關係，是一份相互回應也尊重的關係。當我們兩人真心在關係裡，創造屬於我們的世界、經驗、共同願望及共同未來時，是不可能還有能力和心理空間，去給予其他對象更多關注及回應的。

一個人要走進關係，和另一個人認識及相互懂得彼此，這需要很多的共同相處經驗及彼此關注的時間。如果進入關係的人，常常將大部分的時間分散給不同的對象，無論是給人、工作、電玩或金錢，那他所能放進這一段關係的能量和心力，勢必十分有限。

在這種情況下，或許他唯一能做的，就是維持一般生活作息及互動，頂多噓寒問暖。而關於情感關係裡最重要的成分：彼此情感連結、共享生活經驗，和共創關係裡的重要體驗，就顯得空洞而貧乏。

在這種關係中，或許你可以睜一隻眼、閉一隻眼。你也可以麻痺自己的感受，說服自己：只要日子可以「過」下去（維持最低生存需求），那麼，一切不要看得太清楚，也不要想得太清晰。而關於你的情感關係，你也只能反覆的擁抱過去僅有的少數甜美回憶，不斷的停留在回憶裡溫存，稍稍安慰自己的身心，假裝以為你還在關係裡。

如果你始終覺得自己不夠好，只能等著被決定「我要你」或「我不要你」，而不敢由自己主張，究竟要不要再擁有這一段必須與他人共享的關係，你就無法從被動決定的位置，走到主動選擇的位置。

你的心裡，也還是一如往常的將對方視為高等的地位，把自己視為低等的地位。

強化自己的內在力量

你處於弱勢及低階的位置，真會因此得到幸福嗎？一個懂得愛你且維護你的人，會不斷的讓你待在弱勢及低階的位置嗎？

若你不斷的用理由要自己忍受，甚至想像你們的關係其實還不錯，或許這也是你的一種選擇。只是，你要願意承擔這個選擇的決定，當你等待了數年、數十年，甚至半輩子後，當你回想你的人生及你的關係，真會讓你在心中，留下愛的感受和愛的經驗嗎？還是，留下的已是滿滿的哀怨及自憐，同時，對自己生命的重新出發和營造，已經毫無能力，只能留住這些悲憤和不甘願，怨嘆著命運捉弄、遇人不淑？

你有想過嗎？在情感中受傷及受挫的你、不斷空等待的你、對生活感到萬分沮喪及不平的你，又能給予這世界什麼樣的對待呢？又如何能感受到生命的喜悅和滿足呢？好像擁有，又好像不曾擁有；好像得到愛，卻有更多的恨和沮喪——這樣的關係，是你要的嗎？

如果你萬分難捨，或許你該要認真面對的是，你早年的制約，如何影響了你看待自己，又如何影響了你容許他人怎麼對待你。

你容許他人侵犯，他人的侵犯會更加劇。你容許他人威脅，他人的威脅會更猛烈。你容許他人對你漠視和冷言酸雨，那些漠視和冷言酸雨，更是毫不留情的不斷侵襲著你。

唯有你使自己的內在力量變強壯，以最大的堅定，來維護自己的「不可侵犯和不可威脅」，他們才會看見你的堅定所帶來的勇氣和決心。

【等待型偽愛關係檢測】

對於關係，是真實交流的愛？還是習慣性的依賴？

對於「無法擁有專屬關係」，問自己以下的五個問題：

1.在這段關係中，你總是要和許多不同的對象，分享你的伴侶的時間、精神？甚至必須要你非常強烈的表達需求，才能得到一點兒的關注？　□是　□否

2.在這段關係中，請誠實的回顧，你知道你不快樂，並且充滿了沮喪和無力感？

□是　□否

3.在這段關係中，你總是在忍耐及壓抑自己的需求，也害怕對方撤回他的愛或其他給予？　□是　□否

4.在這段關係中，你感覺到，自己的卑微和低下，總像在乞討對方的關注和安撫？

□是　□否

5.在這段關係中，你抓不到他的行蹤。反觀你自己，卻是原地不動，哪裡也不敢去？

□是　□否

接著，請誠實回答自己：

・這五個問題，當你得知自己的答案時，你的感受是什麼？
・對於你的關係，你總是在「分開—聚合」間掙扎及衝突。得不到對方的在乎及關注時，就想要分離；若是得到對方一點兒回應，就要自己再忍忍，給對方更多時間及空間安排？
・在關係裡，你時常感受到自己的靈魂是空洞的，連怎麼虛耗掉時間都不自知？
・這些問題的答案，正在告訴你自己什麼呢？你如何看見自己的真實關係處境呢？

自我心理增強

如果這是一份愛的關係，那麼愛的關係裡，不會是罔顧背叛和欺騙的存在。關係裡，重要的是誠實。虛偽的心，必然帶來虛假的關係。

偽愛關係總檢測

【你害怕關係的改變，卻也無法逃避這段關係的真相】

請勾選以下你意識到的真實關係狀態：

- □ 你不敢承認「那不是愛」，而其實是依賴及習慣的關係。
- □ 為了做好人（好女人），你不停在忍受著扮演討好的角色。
- □ 害怕自己努力不夠的緊箍咒，一直束縛著你。
- □ 將錯就錯的陳年積怨，使你困在受害情緒裡。
- □ 錯亂混淆的情感，讓你無法忠於自己的感受。
- □ 依賴成性的關係，讓你不停的被吞噬和占據。

□以強大的照顧形象維繫關係，使你不得不一直是強人。
□你是「同情者」或「拯救者」，而不是像情人一樣被對待。
□不願接受美夢幻滅，使你遲遲無法接受真相。
□從未真正進入關係，自始至終，其實你從未真正的擁有這一段關係。
□你永遠是配角，你無法得到平等的關注和肯定。
□無法專屬的關係，讓你像浮萍一樣，始終無法讓心靠岸。

關係的清理及改變，需要從「認清」開始。

就像是：如果你根本無視於屋子的凌亂，也不打算給自己一個好品質的空間，你就不會動身起來，清理房子。

對關係的清理及負責，也是如此。你需要正面的承認「關係已糟到不能再糟了」，以勇氣告訴自己：「我要為我自己取回人生決定權。」你才可能完成接下來繁瑣及複雜的處理過程。

有時最艱難的不是放手，而是學著如何開始。

——尼克・索邦（Nicole Sobon，作家）

Part 2

我該如何真實面對？

12個離愛醒悟：學會好好分手

誠實

【承認自己的情緒衝擊及失落感受】

我們之間的關心與照顧，是否足夠？

這世間，有多少偽愛的關係？

雖然建立了「關係」，但其實在心中，沒有另一個人的存在，不想為愛付出，也不想真正的經營關係。關係，只是生活的擺設或填空物，讓日子過起來，以為比較不寂寞——其實，寂寞和孤單無所不在。

或是，在關係裡，始終沒有真正的看見對方的存在，而是等著被溺愛、滿足，和無限包容。甚至，以一種高高在上的姿態，等著被哄、被服侍，等著對方來乞討。

當一個人「沒有能力」關注他人時，他的世界只有自己：自己的需要、自己的感受、自己的想法、自己的渴望、自己的成就。因為心中的「我」非常巨大，也就無法有空間去容下他人的存在。

或許，我們要認清一個事實：

不是每個人都懂得關照別人。

關照，代表的是「關心」和「照顧」，但是，有多少人在他的人生裡，從來不需要真正去學習這兩個能力，也對這兩個能力不以為意。

怎樣的關係，值得繼續付出和堅持？

一段值得你付出和堅持的關係是：兩個人有共同的意願，也能望見共同的未來，並且，人生腳步是走在一起的，而不是有一方總是拒絕，或抵制共同前進。

YAMAHA
551·JZB

看看過去，為了不失去一段讓你充滿挫敗、沮喪、無力感和自我否定的關係，你讓自己麻木、空洞，甚至轉向悲傷、抑鬱，承受著不為人知的痛苦和自我懷疑，也忍受著許多人對你的指揮和批評，彷彿就是你不對或你不好，才會在關係裡那麼不順利、不幸福。

或是，為了一種自以為的「責任感」，害怕背負那些失職、自私和辜負的指責，而壓抑自己真實的感受，要求自己讓這些評價凌駕於自己的感受，只求做個不被責備的一方；偶爾也用這些擔負責任的「成就」，安慰自己枯竭耗損的痛苦。

但是，明明是一場雙人的舞蹈，卻只剩自己在黑暗中獨舞的滑稽與虛假，無論如何的自欺欺人，終無法展現應有的美麗和圓滿。

無法落幕的單人舞

當然，會有這長年的空洞、沒有交集的關係，不是只有一方的問題就能造成的，往往這當中的過程，是各自都用不同的方式嘗試繼續維持，卻總是各做各的，各以為都有在這段關係裡讓步，或給出所能給的妥協，卻還是無法聚焦的共同面對問題，解決彼此在關係裡的心理落差及失衡。

但不能否認的，如果你是長期支撐住這一段關係的人，也就是相對耗竭、相對受苦、相對被傷害的人，你卻無法離開這樣的一段關係的話，表示你還有**無法放棄的渴望、無法放下的責任、無法安排的生活問題，和無法面對的恐懼與焦慮。**

許多人對於關係的分離，總是覺得「**就撐到不能撐為止吧！**」或是「**到我忍無可忍了，我就要一走了之。**」但事實上，我們或許很難真正知道，到底哪一天才是關係的盡頭？哪一天才是我一定要離開的臨界點？

正是因為不斷的拖延，給了自己許多理由和他人的說法，威脅或恐嚇自己：離開關係，一切就會毀了——你會毀了親人的心，你會毀了正常的生活，你會毀了兩個人的未來，你會毀了自己的人生……而遲遲無法產生行動。

恐懼及不安全感，令人難以承受

害怕你離開既定角色及既定位置的，大有人在。但你要真正辨識的是，那些恐嚇、威脅及勸說你的人，有哪一個是真正知道你在過什麼日子的人。他們可有真正的明白及體會到你所承受的情緒傷害及關係痛苦？他們可曾出於真心的關懷過你？

他們可能會因為自己的利益，指責你若離開關係、選擇分手、卸下某個角色，就是不負責任，就是自私，甚至忘恩負義。這時候，你也要真正辨識的是——這些人指責你自私自利，難道不正是因為他們的自私、只顧著自己的私利，才要求你一定要留在這段偽愛、空洞的關係裡，繼續耗損、承擔及背負嗎？

如果，你無法為自己做出決定，或許對你而言，這意味著，你恐懼面對未知的未來，你擔心無法靠自己生存下去，你也不知道怎麼面對失去關係後的自己……因著這種種對自己沒有信心的因素，也不看好自己，所以選擇認同那些人的要求、指責、威脅及恐嚇，讓自己繼續處於這樣吞噬性及耗損性的關係裡，對自己的處境麻痺、漠然，並要求自己乾脆繼續習慣過這種糟透的日子。

畢竟這糟透的日子，你大致上都知道是怎麼回事了：會有哪些麻煩事，哪些烏煙瘴氣的爭吵，哪些人的冷言冷語，哪些糟糕的情況……

這些都比去面對不確定的未來，要來得少經歷一些恐懼和焦慮，不是嗎？

人都是被自己的「恐懼」及「不安全感」所制約及操弄的。只要我們無法面對自己的「恐懼」及「不安全感」，我們就會交出自己的生命主權，任由環境與他人加以支配及控制。

不是「受害」，而是「選擇後的負責」

我不知道，你究竟歷經了多少年這樣的麻痺和掙扎，又折磨及耗損了多久，才真正的願意面對自己的「恐懼」及「不安全感」的感受，真正的破釜沉舟，體認到這段關係非結束不可。

但是，我要告訴你的是：**離開一段不適合生命的關係，特別是偽愛的關係，是需要能量和毅力的**。若沒有能量和毅力，要結束及告別一段關係幾乎是不可能的。這當中，勢必會是一段辛苦的歷程，不僅勞心勞力，要處理的事物也繁多複雜。而當中最糾結的，莫過於這段關係中的相關人士，特別是你和另一方之間所產生的情緒衝擊和糾結。

如果當中有人想當受害者，指控著另一方傷害、虧欠，不公不義不仁不慈，通常會引發難以休止的惡性關係循環；或是鬧到非常不愉快，造成兩方瞬間的決裂。雖然如此，不論是快速終結，或是惡性循環的糾纏，終將讓兩方都留下對這段關係的最壞感受，也為自己留下了難以修復的自我破碎，和心靈傷痛。

所以，為了不讓關係的結束歷程難以善了，徒增未來的心靈負荷，我們必須要能終止坐在「受害者」的位置，認清楚：如今要選擇告別關係、結束關係，是出於自己的人生選擇和決定。

你選擇誠實的面對自己的人生，決定要取回自己的人生主權，所以**這不是「受害」，而是「選擇後的負責」**。

面對對方的不可改變；承認對方在關係裡，無法回應你的需要，也無法和你真實在關係裡相扶持，共同陪伴。對方已經呈現出他在關係裡是否有誠意，也展現出他為關係付出的能力到哪裡，而你也必須回到自己的身上，問清楚自己，並好好的回應對方：究竟是否有意願繼續處在這段關係裡？

好好的想清楚自己對於這段關係的回應，你需要把感受還給自己，不再合理化自己的遭遇，用各種道德或宗教的說法要自己漠視真實的感受，遠離自己的體會。

只要我們是真實的人，有情感、有感受，我們就會有情緒發生，來提醒著我們究竟處於什麼樣的處境。這些情緒可能是失落、失望、心碎、震驚、害怕、無助、憤怒、受傷。如果你無視情緒的提醒，你又如何能貼近自己的內心，好好的為自己做出選擇和回應？

在這段關係裡，誠實的感受自己

我當然不是說，你要以完美的角度來評價你的關係，或評價你的伴侶。我們都知道人並不完美，這世上也沒有完美的人，可以完全如我們所期待和想像。所以，我並不是說，為了一些你對關係的小不滿意，和對方讓你無法忍受的一些缺點，你就要結束關係，絲毫不給關係修復的機會。

我相信，**你要正視的，是在關係裡時常感受到的漠視、冷落、羞辱、傷害、侵犯、控制、占據、吞噬和虐待。**這些都不是靠著包容、忍耐或退一步海闊天空，就能讓關係修復，或是讓關係產生愛的意義的。

親密關係的本質是安全感和親密感。如果一段關係不再有安全感（失去了信任感），也沒有了親密感，這一段關係，還是親密關係嗎？

你可能會回答，就算不是親密關係，但也不能說沒有愛啊！也許已經昇華為像家人的愛、親人的情感了！

那麼，我會告訴你，親密關係確實有親情的成分，當我們已是彼此生活中最重要的人，且是彼此心中那個成為安全堡壘的人時，我們會產生牢固的親情感覺。但親情，

L'ERBOLARIO
ITALY
LOVE
ME

LAN
KRYOLAN
GODIVA
GODIVA
L'ERBOLARIO

並不能完全取代親密關係，就像我們不能和其他不同身分的家人成為親密伴侶一樣。

親密關係，不僅容許彼此之間有身體撫觸的親密感，在心靈上，能分享彼此內心不為人知的思想和情感，而在生活上，更有著深刻的行動和情感的連結。這些親密感，都不是任何一種其他身分的家人（或親情）可以代替的。親密關係的伴侶，該是除了自己以外，在世上，最熟悉也最信任的另一個人。

【離愛醒悟練習】

對自己誠實的第一步

現在，回到你的感覺上，誠實的體察自己：

· 對你而言，這一段所謂的親密關係是否有這樣的感受？是否還存在這樣的意義？

· 關係裡的對方所引發的你的感受，確實仍是愛嗎？還是早已不知道在何時，成了不甘願、憤恨、委屈及哀怨，還有滿腹想報復他的衝動呢？

Lesson 2

覺悟

【面對自己的幻滅與面對的決心】

你願意給自己改變的機會嗎？

許多人在長期關係的束縛和傷害中，一心一意想的都是：「該如何改變對方？」或是：「我要如何幫助他改變？」

這實在是一個很弔詭的問題。為什麼呢？

有幾個思考點，邀請你一起思索：

1.如果關係裡的對方真心想改變，有覺察自己在關係裡的狀態，而自覺需要學習或調整，他需要你來想法子幫助他嗎？他不是該主動尋找改變的動機和任何機會嗎？

2.如果關係裡的對方，就是要讓你進入某種關係模式和循環，把你束縛在關係裡，他為何會想要改變？

3.關係裡的對方，有他的主體性，有他的感受、想法和意願。如果他的決定是不想改變，你卻想改變他，這段關係究竟該如何進行呢？而你所謂的「改變對方」，如何才能在他不想改變的狀態下，讓你改變他呢？

如果你思索了這些問題，便會瞭解到改變對方是不可能的，因為每一個人的改變，是來自他有「改變自己」的動機和行動。

那麼，你可以因此給自己一個改變的機會嗎？

改變自己的兩個關鍵覺悟

如果，你願意改變過去「總想改變對方」的念頭和行為，改變為懂得關懷自己、真正的面對自己的選擇，那麼你可能會有兩種覺悟。

第一種覺悟是：你無法離開，所以你必須接受這是你所選擇的關係，並且承擔這所有歷程的代價，包括在關係裡的遭遇和經歷。

第二種覺悟是：你接受了自己無法改變對方的事實，但你知道你必須捨下這一段關係，因為你無法讓自己繼續置身在這樣傷害及空洞的關係裡，耗損身心，拖累、拖垮生命，直到生命消耗殆盡。

如果你覺悟出的答案是第一種，那麼，你需要在關係裡認知到如何保護自己，以及如何為自己找到適當的支持系統，來讓自己在關係裡的失落，有其他的平衡點。

如果你覺悟的是第二點，那麼，好好的清理關係，終結關係的惡性循環，也正是告別空洞虛無的關係，為自己取回人生的權利，重新打造你自己想要的生命品質。

若你正在結束這不適當的關係，或準備結束這偽愛的關係，我必須要對你的心理，給予極大的強心針。這段清理及結束的過程絕對不容易，告別及療傷的過程，也不簡單。而當中，若再背負許多人的意見和聲音，還有許多人的勸說和自以為是的評論，那麼，情況就會十分糾結及令你煩心、困擾。

我相信，這是許多人一想起來，就會想著「算了算了」，而打退堂鼓，繼續待在關係裡忍耐的原因。

懂得離開，才能懂得愛好自己

許多人在面對關係的分離及結束時，總難免會引發「不捨」的反應。這時候，會特別害怕後悔，會特別要自己想起許多往日的美好或甜蜜，也會不斷的為自己再想更多理由，來質疑自己：是不是一定要做「結束」的決定？

不能否認的，我們人生總有許多的難捨。然而，有些時候即使捨不得，也未必能留住什麼。

所以，這是一個現實的問題，回到現實世界的真相：你覺得繼續維持關係，就真的能「不失去」什麼嗎？

那些留不住的人、事、物，其實早已從生命中離開、消失，但拒絕承認的自己，總把自己「困」在許許多多的「為什麼……」裡，堅持不願意承認真的要不到、得不到、實現不了。

如果沒有內外一致的接受失落，生命如何能接受必須移動的事實呢？

從「為什麼……」走到「承認、面對、接受、行動」是那麼不容易，卻是生命得以翻開新一頁的必要方向。拒絕離開，便是拒絕移動，也是拒絕相信自己的生命力量能夠陪伴、承載，踏上那段捨下及告別之後的，療傷之路。

離開，當然痛，也當然難。但也因為懂得離開，才懂得接下來承擔起照顧好自己、好好愛自己的責任。而不是再留在那早已人去樓空的關係中，幻想著等的那份愛，終究會到來。

準備進入「關係臨終歷程」

人很難誠實面對「幻滅」。曾經擁有的美夢和期待，讓我們勇敢的進入一段關係，我們當然希望，可以幸運及幸福的實現曾經有過的夢想和期待，特別是曾經說好的「相愛一輩子」，怎能說遺忘就遺忘，說放棄就放棄？

然而，歷經了生活的起伏和變動，歷經了關係的親近和衝突，我們漸漸的看見了那一份真實：這一段關係，所承諾的究竟是愛？還是責任和角色？甚至，只是必須擔任某個角色，成為照顧和生產的工具？

或許真正讓關係進入冰河期的，未必是責任和角色，而是那一次次的被排除、一次次的被拒絕，和一次次的感受到對方的疏離。如果「有一個伴侶」的意義，是共同相伴走人生路，那麼彼此為伴的意義，就不該只是你過你的日子，我過我的生活。

假如你有了這樣的想法：「即使在這個世界只剩下我和他存在，我也會選擇過自己的人生。」你們的關係再如何，也不可能回到那還未歷經過傷痛及失落的最初，你只能選擇接受如今關係的真實樣貌，然後繼續著你的人生——那麼，是時候要開始準備關係的分離和告別，也邀請對方進入這段慢慢善了的「關係臨終歷程」。

【離愛醒悟練習】

給自己勇敢的信念

我知道要為自己勇敢起來，完成分離，絕對不容易。所以，請寫下三個讓自己勇敢面對的信念。

舉例：

．我要過一個真實的人生，不再空耗我的情感和生命。

．我選擇救我自己的性命，為自己清理不適合生命前進的關係，不再做無謂等待。

練習：

你的三個帶來勇氣的信念是……

1.

2.

3.

如果可以，為自己找到最信任，也最忠實的支持者，願意見證你這一份勇氣，並且無條件給予你鼓勵和肯定。告訴這一位重要支持者你的決心，和你帶著勇氣的生命信念。

Lesson 3

分辨

【試著瞭解自己需要分離的理由】

可不可以，不要經歷失去？

當你開始思考「分離」的選項時，或許已歷經了很長一段時間了。你反覆難眠、焦躁難安，思緒總是一下子覺得應該這樣，一下子又覺得應該那樣。

你很難真正的支持自己，畢竟「分離」意味著「某種關係的結束」，或從此再也不能待在這個關係裡，去接受屬於這關係帶來的一切，無論好的、不好的，或是你要的、或不要的。

「分離」對我們的人生，絕對是個大議題，除非人類沒有「依戀需求」。**「依戀需求」**是我們需要和另一個可以帶給我們安全感的客體（他人），產生聯繫和連結的關係，透過對方的存在，為自己獲得所需要的存在的安全保障。意指：不論我發生什麼事，都有這個人關心我、回應我、瞭解我的需要，或讓我感受到安撫和安全。然後，漸漸的，對方的存在，內化為我們內心的「安全堡壘」，只要回到與他的關係裡，就感覺到所有的恐懼和不安的緩解，感受到情感上有了依靠和撫慰。

「依戀關係」的存在，讓我們對於自己生存所會遭遇的不安全和恐懼感，有了一份安穩的保障，讓我們得以感覺到心有所屬，人有所歸。

所以，如果我們要面臨內心曾經深深依戀的關係，必須做割捨和分離、結束及告別，我們會經歷莫名巨大的恐懼、不安，和強烈的預期性失落感。

發現隱藏的恐懼、不安和預期性失落感

恐懼感、不安感和強烈的預期性失落感，這三種情緒感受，是人類生存過程努力在避免，也不斷拒絕去經驗的。因而我們總是花盡心思，努力預防、努力計畫、努力

控制，努力的想方設法讓自己不要歷經變動和任何的失去。

過去，可能有好長的一段時間，你用各種理由和藉口，要自己勉強留在關係裡，不要衝動的分離，結束掉關係。在不捨及恐懼分離的情況下，通常我們不會直接承認這是出於自己的脆弱、不願意經歷變動的恐懼和無法面對未知的不安全感，在心中隱隱作祟，於是我們會找到看起來很合理，又不用真正去面對問題的理由。

想想你過去所用的那些理由和藉口，把它們寫下來。

◎過去你維持在關係裡的理由和藉口：

我都是為了＿＿＿＿＿＿，才繼續留在虛耗及空洞的關係裡。

我都是為了＿＿＿＿＿＿，才繼續留在虛耗及空洞的關係裡。

我都是為了＿＿＿＿＿＿，才繼續留在虛耗及空洞的關係裡。

現在，再看看這些理由和藉口，你看見了什麼？有什麼不同的發覺和領悟嗎？

如果，你仍看見當初的理由是存在的，那麼，這表示你尚未清楚覺知到你自己在關係裡的感受，仍然處在迴避中，未有承擔力，承認和面對這一份空洞和虛耗的關係。當然，也無法有能量和勇氣去處理。

但是，如果你看出來了，這些理由和藉口只是迴避自己的真實感受，讓自己很快的可以壓抑下來，不去感受在關係裡的痛苦和耗竭，以為有一個更偉大、更奉獻、更有意義的理由和藉口，來讓自己的受苦有了意義——那你需要誠實的看見，這些理由和藉口都不會是受苦的意義，而是損害自己生命的錯誤信念，所帶來的惡性循環的開始。

長久的拖累，將重壓身心

人生的許多處境，並不只要努力和堅持，就一定會有好的結果。所謂的「好」的結果，有些情況下，必須是能知道如何「停止」傷害和虐待的不斷發生。有哪個人真的能在不斷的遭受傷害和虐待、剝削和消耗下，還保持得了自己的身心健康？能不抑鬱及不沮喪，仍然在關係裡，充滿能量的繼續承受和付出？

如果，你開始要讓自己去面對「分離」及「結束」的歷程，那麼，為自己好好的靜下心來，想一想，何以自己需要選擇「分離」。給自己勇氣，好好的面對「現實情況」，深思熟慮：哪些「現實情況」是即使忍耐了那麼久、承擔了那麼久，不但始終沒有好轉，還每況愈下的？不僅拖累了身體、影響了心理，還讓生活品質越來越低落，想振作也使不上力？

「拖累感」是在一段虛耗且失去親密意義的關係中，最常見的一種感受。它讓人越來越沉重，充滿負擔，而且不快樂的感覺與日俱增。在關係中，日子過得不好的人，他的人必然不會好，混亂、失序、情緒不安穩、心神不寧、猜疑恐懼，都必然會發生。即使要騙自己、騙別人說，在關係中日子過得好，都無法真的騙得了身心。

即使人的防衛面具，能阻隔讓外界的人知道內在真實的情況，但身心所承受的，是真實的壓力：長期的耗損、關係斷裂、缺乏滋養及交流、疏於關照及支持，都會讓一個人形成身心的疲倦及失衡。身心一旦受盡折磨，長期疲勞下，原本穩定的性格也會產生扭曲，各種身心調節能力也必紊亂，各種複雜的機能、代謝和形態結構也可能出現異常變化。

這些壓力，將讓人體內部各器官系統之間，還有與外界環境之間，協調性都會發生障礙，以致引起各種症狀、體徵和行為異常，特別是對環境適應能力和體力的減弱，甚至喪失。

做出決定，是忍心為自己放手

過往在醫院臨床工作的經驗裡，常常聽到生了重病的病人告訴我，他如何長期的困頓在一段關係中，離不開、走不了，卻也難以在關係中，好好自處及安頓自我。大部分的情況是，困在長期膠著、僵住、停滯的關係中的人，都是以麻痺自己的方式，帶著抑鬱和厭惡自己的感受，勉強自己過著日子——直到自己倒下，無論是身體或心理層面的倒下（崩毀），才不得不面對關係的終點。

我常常在這樣的生命故事中，覺得惋惜和不忍。雖然他們都知道自己在關係中耗損著，由於自己內心的自卑及自我厭惡，恐懼、擔心著自己不被愛、被拋棄、被丟下，或是擔心自己無路可走、無處可去……而把自己壓縮在一段窒息、缺氧的關係中，卑微著度日。在過去漫長的日子裡，他們絲毫沒有顧慮到，在長期窒息缺氧的關係中，究竟會對自己造成什麼樣的傷害？

原以為堅持下去，終將能獲得什麼補償或什麼公道，卻在漫長的歲月下，累積了更多的哀怨和仇恨。心中的不甘心，也已經不是三言兩語的補償或抱歉，就可以寬心放下的。

如果這一份哀怨及仇恨，成了生命臨終之前，仍難以嚥下的那一口氣，那又如何來得及懷抱著愛及寧靜，走向生命最後的道別時刻呢？

所以，請以各方面的「現實」（真實情況）來評估自己需要選擇「分離」的原因吧！

當你面對「分離」的選擇，意味著你要真正的面對問題。你選擇「分離」，不再是人們口中說的那些評語：任性、自私、搞亂、不負責任、破壞者、傷害者、罪惡者……而是因為你選擇為自己的人生，負起責任，也勇敢的為膠著在虛耗關係裡的兩人，做一個放手的決定。

【離愛醒悟練習】

分辨選擇分離的各方面原因

從各方面，寫下現實情況中，你需要選擇「分離」的原因：

身體的耗損與健康的問題	精神和心理方面的耗竭及困擾
人際關係的負面影響和斷連	生活秩序方面的錯亂和失序（包括經濟問題）

- 寫下自己的覺察後，在這段關係的影響下，自己的內在及外在之間形成了什麼變化和影響？
- 而這些變化和影響，是你所認同及接受的嗎？

Lesson 4

正視

【坦誠瞭解自己的性格，何以長久受困於難以分離】

究竟是誰變了樣？

為什麼人們一旦進入「關係」，就會前後判若兩人呢？

不只是對方，也包括了我們自己。

在進入關係前，我們總是努力的、竭盡所能的，去展現自己最有魅力的所在，又表現出自己最好的面向，這些猶如孔雀開屏的絢爛行為，為的就是讓對方可以被自己吸引，進而產生關係。

然後呢？

進入關係後，才是一切本性的展現。

不懂為人付出的，只關注自己。

情感閉鎖連結的，關住所有的自己。

沒有關愛能力的，只求自己的利益。

依賴索求的，努力的汲取依賴。

懶散懈怠的，等著他人的給予。

任性而為的，為關係帶來許多困擾。

如果一方或雙方處在不健康的狀態裡，無法承擔自己的生命，也無法關照關係中的另一人，甚至循環的在某一個點上，相互攻擊、埋怨、指責、批判，那麼，關係勢必帶來人生的混亂和消沉，甚至毀滅。

關係，也是會令人生病的，這是你需要有所自覺的事。

你若拒絕了讓自己健康起來，又如何讓自己辨識出健康的關係是什麼狀態呢？

打開恐懼的糾結

在成人世界裡，關係，是要讓彼此更好。而不是讓關係使你沉淪和消沉，甚至到想毀滅自己的地步。

但是，即使我們「腦袋」懂，「心」卻未必懂；即使我們覺知到關係已經猶如死水，不會有任何動靜，我們可能也沒有勇氣，能從自己開始，勇敢的突破僵局，攪動這一池的死水。

你不願意擔任這個角色，對方也一樣。沒有人想為關係擔負起判死刑的角色，所以，我們只能讓彼此拘禁在關係的無期徒刑裡。即使我們早已千瘡百孔、支離破碎，但誰先開口要斷絕關係，誰就必須背負輿論的論斷：關係的背棄者，關係的不忠者，關係的不守承諾者。這些道德的、倫理的，或是個人主觀觀感的指控，讓我們心生畏懼，擔心那無法節制的人言總是弄不清情況，就加以八卦評論。

這是不是你的畏懼呢？

害怕自己被怪罪、被歸咎、被指責，害怕那些根本不理解你的人，對你必須做出離開關係的決定，任意的就批判及指責？害怕你會充滿冤屈的，從受害者的位置轉變成加害者的位置？

你怕無法為自己說明，也怕無法為自己說出口，那長期的折磨和虛耗是怎麼回事。你也擔心別人不會懂你所受的身心痛苦，究竟有多麼巨大。

甚至，你可能害怕離開後的孤單和失落，恐懼無法承擔自己的沮喪情緒。

不論你害怕些什麼，對於未知有什麼樣的可怕想像，唯有你正視它們，它們才能因為被你面對了，還原該有的真實模樣，而不是想像中的大型災難或是世界末日。

【離愛醒悟練習】

正視恐懼，列出恐懼清單

現在，請你試著覺察自己，寫下你的「恐懼清單」。

當你越誠實及完整的寫下，並告訴自己：你承認你的恐懼，也要真實面對你的恐懼。唯有你開始面對了，恐懼才不會無邊無際的變形，讓你一觸碰恐懼的影子就動彈不得，無法進一步去面對和處理。

恐懼清單：

・我害怕
・我害怕
・我害怕
・我恐懼
・我恐懼
・我恐懼
・我不知道怎麼面對
・我不知道怎麼面對
・我不知道怎麼面對
・我擔心
・我擔心
・我擔心

原來，我這麼在乎別人怎麼看我

我們之所以會卡在一段消耗性的關係裡，或是困在一段偽愛的虛假關係裡，往往還有一些原因，就是裡面雖然有許多讓你感到痛苦的情況，但仍然存在你的「需要」在裡頭。由於你的「需要」建構在這段關係中，所以關係一旦被終止，就意味著你的「需要」勢必也將被中斷。

這種現實的局面，讓你無法說離開就離開，分手就分手。例如那些你渴求不要有所變動的生活條件（住處、經濟、工作、名聲、頭銜、角色、生活作息、生存條件……），若這些需求，必須建構在這段關係的存在上，那麼，你必然無法說結束就結束，因為關係的結束，等同於破壞你的生存安全，引發你的生存焦慮。

即使在關係裡，早已失去親密感和信任感，也沒有共同的交集及連結，但只要還能維持最基本的生存需求，許多人寧可放棄追求有品質、自在的生活，也不敢懷抱提升更好的自己的期盼，只求目前生活過得去就好。

特別是，當我們被自己內心的「恐懼」所威脅，我們會感覺到，自己根本沒有任何能力或力量去真實面對，去勇敢結束。

「恐懼」是一種最能挾持人的情緒。因為人在恐懼中，可以無限想像「可怕的情節」。若沒有自覺透過現實感加以釐清，就會被自己的恐懼，無限的恐嚇和威脅。

就如我們是小孩時，一被大人恐嚇，就動彈不得，也深信不疑那真的會死定了。像是：「你不乖，我不要你了。」「你那麼麻煩，我要丟掉你！」「你如果達不到標準，你就死定了，乾脆滾蛋好了！」這些語句，讓我們害怕成為那個「不夠好」的人，也害怕當我們為自己的人生做出決定後，我們會被看笑話、輕視，及冷言冷語的不以為然。

對於自己的選擇，總是充滿不確定，也害怕承擔，自然就會難以做出任何決定。

當我們難以選擇支持自己時，也許你不難發現，你是多麼在乎別人的眼光和看法的一個人。

原來我以為的「需要」，其實是利用

也許過去有很長的日子，為了讓自己成為好孩子、乖學生、好情人、好配偶，你只學習如何看到別人的需求，如何給予他們滿足，以至於你從來沒有機會和時間，真正的在乎自己的聲音，也不曾真正的體會你內在的感受。當然，要能夠好好的表達出來，說明自己的立場和觀點，就更是難上加難了。

你總是擔心他人搖頭否定，也總是害怕他人不滿意、不喜歡。若是他人對你出現排拒和批評，更是你認為絕對不可發生的。

這樣的你，是多麼認命的讓自己依存在群體中，你喜歡被重視，也喜歡被肯定的感覺，所有能讓你感受到自己價值的事，你都義無反顧，即使完全的任人使用和依賴，你也在所不辭。

直到你徹底的累了、垮了，無法再漠視自己及欺騙自己了，你才驚覺到，原來，過去那些依賴你、需要你的人，不是因為他們肯定你，而是他們在利用你；利用你服侍、利用你提供、利用你給予、利用你承擔、利用你讓他們滿足。而他們只需要有一張嘴，批評這兒批評那兒，指責那裡不好這裡不對，你就自動化的立刻啟動，接受暗示，使命必達。

但即使你驚醒、發覺了，也不因此就真的勇於回歸真實自己。過去長久的塑造和制約，讓你否認自己的需要和避免表露出自己，這已經成為一種習慣，也成為一種再合理不過的生存模式。

以自我療癒力，將分離轉化成美麗

如今，你已知道情況不能再糟了，不對的對待也不能再繼續了，你可能因此就要沒命了，或造成彼此關係的毀滅及陷落，你也無法就因此勇敢起來，獨立面對。

告別任何的關係、離開任何的群體，也是一種獨立的過程，有著無法迴避的孤獨感。如果孤獨，是你人生始終在迴避的感受和經驗，那麼，你就會因此拒絕了你所需要面對的「分離」，並且無止境的威嚇自己，「分離」將造成無可彌補的傷害和自我毀滅。

但是，真的是這樣嗎？

難道，這世界上所有經歷關係分離的人，都只有悲慘和寂寞孤單嗎？

答案是：「不。」任何的事件和情境，都是中庸的，不是好事也不是壞事，之所以會發展成好事，還是發展成壞事，個體在歷程中，如何思考、如何感受、如何反應和如何處理，才是決定的關鍵。

有些人經驗到的關係分離，是解救彼此、成長蛻變和重獲幸福；有些人的關係分離，是一蹶不振、自憐自怨和怪罪指責。所以，「分離」並非就一定悲慘和毀滅，端看人的自我療癒力和轉化力，是否能帶著自己的生命，往真實成長的方向前進。

Lesson 5

釐清

【處理自己混亂的情緒：罪惡感及自責感受】

離開錯誤的關係，是為了讓彼此有機會為自己的人生負責

如果你面對自己選擇「結束虛耗及空洞的關係」感到難以負載的自責及罪惡感，那麼，我們可以從兩個層次來面對這個現象和反應。

第一個層次是「瞭解自責和罪惡感的發生」。

第二個層次是「瞭解自己是否有長期受他人情緒左右及控制的問題」。

第一個層次：瞭解自責和罪惡感的發生

自責與罪惡感，如雙胞胎相伴而生

「自責」，是來自思考的歷程，嘗試給予自己「自我要求」。對於很多情況的發生，不是針對「情況」進行思考、分析及瞭解，而是採取一種直接判斷「是我的錯」的錯誤歸因。

所以，自責的人往往會讓自己背負滿腹的罪惡感，卻對情況的解決及處理方法，一無所知。

「罪惡感」，是以為自己是邪惡，認定是自己造成痛苦或災難的發生。這種心理，來自從小就被怪罪，當家庭或環境有任何不順利事件發生，或是家人有痛苦情緒發生時，就指向你為禍事的肇事者，應該承擔罪惡。

自責和罪惡感就像是雙胞胎，總是一起出現。當人有不合理的自責反應（無法就事論事），罪惡感就容易伴隨而生，讓自己過度的承擔責任、不合理的承擔後果，而忽略或漠視了他人的責任及所造成的傷害。

我們容易藉此把受的苦合理化

自責和罪惡感的發生，是道德養成歷程的產物，適度的自責和罪惡感，能為我們自己避免發生錯誤，也能規範我們不做傷人害己的行為。但是若缺少了就事論事的能力，也迴避現實問題，無法採取適當的行動，則自責和罪惡感，可能是自己規避真正為人生負責的一種防衛機制。

為自己的人生負責，讓個體感覺太艱難、任務太龐大，而在潛意識中，抗拒真正的面對問題，取而代之的，是以自責和罪惡感來合理化自己必須受苦的理由，也以此威脅自己最好停止行動，以避免真正的去面對問題、解決問題，只要停留在罪惡感中，就覺得自己已經面對了。

例如：一個男人有了外遇，產生了罪惡感，而向妻子做了許多掩飾行為的討好舉動；或是以自責讓自己內疚，而感到心情鬱悶及沮喪，而自認為承擔了很多不為人知的心理辛苦。然而，他卻沒有真正去面對關係問題的勇氣，也無法進一步去為自己的行為，做出負責的行動——無論是要面對過去關係的問題，或是要面對新關係的承諾，兩者都無法真實的面對。

如果你不是像這個例子一樣，做出任何傷害情感和欺騙他人的行為，你只是為了替自己的人生負責，解決長久以來被掩蓋的問題，也讓別人為他自己的人生負責，卻因此產生「傷害了別人」的罪惡感，這就更不合理了。

也許我們要思考的是，這樣的罪惡感，是否來自於你長久的生命都一直受他人情緒波及，也不斷背負他人的情緒怪罪及情緒控制而導致的？

第二個層次：瞭解自己是否有長期受他人情緒左右及控制的問題

他們只是把責任推給了你

如果，你從小就立志當好孩子、乖孩子、孝順的孩子，那麼你一定不陌生，從小有很多聲音告訴你：「你要記得，不可以自私，你若自私，會害別人難過和傷心。」或是某些人無法順心如意時，總是二話不說便怪罪身旁的你：「都是你害的……」

你總是無法真正的釐清，那些人指責和怪罪並不是因為你真的做錯什麼，而只是他們無法為自己的生命負責，無法承擔自己的情緒、無法承認自己的挫折、無法面對自己的問題，然後非常習慣的，將該承擔的責任往外拋，毫不遲疑的推卸給他人。

我們無法為別人承擔責任

如果你自小就有一種不論誰丟什麼給你，你都要承擔、都要負責的習性，那麼，你恐怕會從小開始，就不是很能分辨「究竟是誰的責任」。

你無法認清楚責任歸屬，只要有人表達不滿，或是威脅恐嚇你必須承擔責任，你就順應著不斷苛責自己及要求自己，將他人的生命問題視為自己的責任，不斷的勉強自己去解決和順應要求。

甚至，只要有人以「自己的命」來要脅你，你就動彈不得，深怕自己的舉動，會造成一條生命的殞落或損害。

你真的需要重新釐清，即使是你的至親摯愛，你也無法為他們的生命擔保永遠的幸福和美滿。如果他們無法為自己承擔生命的責任，無法透過成長來讓自己學會負責，也沒有意願學習如何讓生命品質提升，那麼，即使你有法力，也無法確保他的生命可以永遠安逸，並且時時刻刻快樂滿足。

愛與尊重，不容濫用

如果你習於接受他人的怪罪，那麼，他人要讓你產生罪惡感是多麼輕而易舉的事。但你如此勇於承擔、勇於負責，難道是為了促使人可以任意的推卸責任、任意的濫用他人的關愛嗎？

這是你需要好好思索的。

你要明白，**若這是一份有愛的關係，面對你的表達及反應，不會盡是用「威脅」和「恐嚇」來引發你的恐懼感，再用「指責」及「控訴」來引發你的罪惡感和自責。**

而一份屬於愛及尊重的關係，也不會只要你「一個人」忍氣吞聲、委曲求全，其餘的，都不想關切，也不想瞭解。

在成人與成人之間的關係不是這樣，失去平等的立場和位置，而使得雙方無法對話和溝通。如果關係的其中一方只是要對方失去主體性，做為滿足他依賴及消耗的對象，那麼，企圖與他溝通及好好對話，幾乎是不可能的。

若再加上我們內心的自我認同度低，內在也有十分脆弱的盲點及情結（例如：討好情結、拯救者情結），那麼在自我心理強度過於虛弱的情況下，就更難堅定自己的立場，好好的將各自的生命課題歸還。

你要記得，如果一個人不願意承擔自己的生命責任，也不願意面對自己的生命問題，而傾向環境和他人無限供應和包容，這是不合理的期待，也絕對不是真實的世界。如果你的關係界線無法釐清，也難以建立，那麼引發你的罪惡感的言論，絕對能夠成功的勒索你、綁架你。

特別提醒

如果對方所進行的威脅和恐嚇，已非只是道德倫理上的操弄，而已經涉及人身安全的危害，也有了攻擊或侵害等事實，請立即為自己尋找警政和法律等資源，為自己的人身安全，建立安全防護網。

「當你選擇保護自己，並不等於傷害他人」——這個觀念，請好好釐清。對方若真的有保護彼此、珍惜關係的觀念，他不會以傷害自己為要脅，也不會以恐嚇傷害你來達到自己的目的，這些都是扭曲且製造負向循環的關係模式。

【離愛醒悟練習】

釐清罪惡感，寫下它，理解它

充分的寫下你的罪惡感：

我感到很罪惡（或內疚），因為……

同時，找到有清楚界線觀念的人，協助你釐清這些罪惡感究竟合不合理。並且探討你的罪惡感的來源，和可能形成的原因。

思考【無法放手之清單vs.無法放手之代價】

真的回不去了嗎？

許多人在面對已經變質的關係時，常常出現「不捨」的反應。那是因為我們曾經投入真實情感，也真的在乎過、付出過，當一切即將成為往事，宣告終止時，就會難以避免的產生「好可惜」、「好無奈」的遺憾感，也會反覆想著：「真的已到了盡頭？真的不可能再回到過去？」

這是我們人性裡害怕情感斷裂的失依感，所反映出的不確定和掙扎。「放手」和「無法放手」，就像我們心裡的拔河賽，總是勢均力敵，難以一決勝負。

但是，如果我們受情緒擺布，而無法就如今的真實關係狀態，好好認清現實，我們就會受陷於難捨難分的糾結中，無法真正處理，也無法讓一切塵埃落定。

所以，我們要為自己依戀的、不捨的「無法放手」，好好做一番整理，徹底面對自己所謂的「無法放手」的割捨，究竟是什麼？也好好的思考，為了保留那些「無法放手」的人事物，究竟要背負什麼代價？

【離愛醒悟練習】

放手的思考①：「無法放手」的清單與代價

請從各方面的「無法放手」的項目，逐一記錄：

例如：穩定的生活、名分、地位、財產、付出的青春歲月、生活品質、人際關係、名聲、形象……

我該如何真實面對？

Part 2

無法放手的清單	因為無法放手，所要背負的代價是……

當你誠實的記錄下「無法放手」的項目後，也評估為了保留這些「無法放手」的部分，你所要背負的代價，以及所要獨自忍受的壓力，你是否覺得值得？這是自己真的想要做的選擇嗎？你是否願意為這樣的選擇，負起自己必須承受的代價？

同時，請你回顧關係，誠實面對當這一段關係面臨分離和結束，就有你必須放手的部分，如果你選擇再繼續耗在關係裡，也代表你將隨之失去一些東西（人、事、物）。

你必須好好思考，面對一旦放手之後，你要面臨的後續可能性和後果。例如：你必須要放手住處，必須要放手熟悉的環境，必須放手對家的期待，必須放手工作崗位、身分、形象、寵物、親子撫養或監護權、安全的經濟、心裡的安全感……等等。並且為自己思考，所需要的資源或因應的策略是什麼。

【離愛醒悟練習】

放手的思考②：「隨之失去」的效應

「無法放手」所必須承擔的代價，及「隨之失去」所要面臨的後續可能（效應）：

兩者衡量之下，目前可以承擔的是哪一種情況？

關係結束後，隨之會面臨失去的清單	放手後，所要面臨的後續可能（因應策略）

如何重新安頓好自己，才是關鍵

你需要知道，任何一種選擇，都不會是全好（全勝），或全壞（全敗）。所有的選擇，都包含著「好」及「壞」的可能性，和對未來的影響。任何選擇，也都有它的際遇和可能的造化，關鍵仍然在你之後究竟如何面對及安頓。

面對「無法放手」部分，你也需要瞭解，這些都是你的舒適圈，也是你用盡了許多心力，才建構起來的生活，一旦要結束或離開，總是會感覺到好像是自己親手毀了一樣。這種感覺，是我們對於長久以來的付出，所需要的一種回報或回饋，讓自己知道：「我真的很努力在生活、在打拚、在付出。」

而今，若就此分道揚鑣，似乎那些曾經擁有的都會化為雲煙，讓自己無從肯定在過去的生命中，自己是如何的認真、投入及用盡心力。

所以，我們總是拖延著，拖延著，以一絲孱弱的氣息，緊抓著那怎麼也難以放手的。以為只要還不放手，那些擁有，還是屬於著自己，然後暫時的遺忘這個事實——真正重要的愛，早已在關係中，消失殆盡。

也許，你已經花了許多力氣，及用了許多時間，在面對自己那些「無法放手」的。而這些「無法放手」的，多少都牽涉到不甘心的心態。總是不願意相信及接受，最後，原來什麼都沒有得到……

Lesson 7

接受

【接納失落的發生，面對自己的不甘心】

為什麼？怎麼能？憑什麼？……

你一定很不甘心，為什麼因為要割捨一段關係，或離開一個人，就必須失去這麼多？

為什麼你受了這麼多苦，選擇了離開或放手，卻像是被懲罰了一樣，許多曾經屬於你的「擁有」，都因此煙消雲散？

過去，不少人告訴過你：「撐下去。撐久了，一切都會屬於你的。」也有人告訴你：「為什麼要把你辛苦打拚獲得的，拱手讓給別人？」還有人告訴你：「就算是一齣歹劇，戲棚站久了，你還是會變主角的。」……

這些話，都讓你好不甘心，不甘願真的必須要失去那麼多。過去的你，用盡心力的付出和拚搏，才能讓你的人生有了一些尊嚴、一些成就。為什麼當你選擇不陷落在一段變質的關係裡時，你卻沒有覺得輕鬆，反而不甘心所努力的一切，竟然都成為別人可以安逸過好日子的保證。

你真的好難吞下這一口怨氣，也好難就此平靜的放下。

請你，為你自己放手

這種被剝奪的感覺，確實難受，也讓你憤恨難平。你曾經陪著對方吃苦，即使吞了很多苦頭，也不曾為自己爭取或抗議。但是，如果對方將那些你們所共同擁有、共同成就的部分，去和另一人分享，並為其他人創造更好生活的美好及照顧，讓別人白白享受你曾經辛苦建構起來的生活條件，你怎麼嚥得下這口氣？

你怎麼也不明白，對於你的存在、你的需求、你的付出，怎麼就如此被對方視而不見？你也不明白，如果對方能給予別人幸福和體貼、溫柔和關愛，何以你就無法是他所給出的那個人？

但是，親愛的，當你想要以占住你的關係位置，來做為你的報復或做為你的掌控，讓對方受到懲罰，無法如願的擁有好日子，也無法獲得和其他關係的可能性時，別忘了——你也身陷其中。你想懲罰的對象是否受到了懲罰，我們尚不得而知，你就先因此受盡折磨及耗損了。

擁有那些物質條件，擁有那些被人欣羨的生活樣貌，或許可以讓你過去的辛苦人生，得到些許成就感和欣慰，但是，這些建構的物質條件和生活品質，如果沒有那個值得與你共享的人，或只是成為對方脅迫你繼續耗損在關係裡的籌碼，令你動彈不得，如困獸之鬥，那這些物質條件和頭銜形象也不過只是一座巨大的監牢，禁錮了你的靈魂，也挾持了對方的生命。

兩敗俱傷，直到生命盡頭，當然也是一種關係的走向，但是，這是否是你生命真心所想要的選擇？

為對方放手，或許很難。但為自己放手，是絕對值得去面對的挑戰和任務。

幸福就在轉身處

如果，你滯留了一段空洞、空虛的關係在生命中，就猶如你的屋子裡，置滿了一堆用不到的物品，即使塞滿了整個空間，好像「擁有」很多東西，但其實卻無法提升你的生活品質，甚至可能阻礙了你的空間運用及整體規劃。

「關係」也是一樣，占據了你的生命空間的這一段關係，若只是占滿你的時間安排、耗損你的生命能量，卻無法讓你有實質的關係意義，也無從獲得關係的滋養和相互支持，情感的連結和親密的交流，更是少之又少，那麼，這一段關係的放手，絕對不會是虧損，反而可能因此讓你的生命，獲得轉身之後的真正幸福。

而幸福，未必是一定要確保有一個人來我的生命中，懂我、愛我，我才要為了這一份幸福，選擇放手。

而是，我懂了自己要的幸福，也樂意給予自己這一份幸福。為了我所想要的幸福，我選擇可以放下那不對的關係，也走出那一座巨大的監牢，為自己的生命，爭取真正的自由和幸福的可能。

即使，未來並不可知，也要勇敢的告訴自己：**「從現在開始，我要為自己的人生**

負責。我要為自己的幸福，負責。」

然後，好好的為自己的負累人生進行清理，為自己找回想要的真心實意人生，清爽輕盈的人生。

【離愛醒悟練習】

接納自己的不甘心

誠實面對自己的不甘心：

1.將不甘心好好的表達出來，不帶掩藏，讓自己誠實抒發。

2.並請在寫下後，審視自己的不甘心：

．是不是真的有機會能改變關係？或改變對方？

．這些不甘心是否真的能挽回你心中，所渴望的愛？

Lesson 8

擁抱

【學習擁抱回自己，身體距離拉出界線】

分割的痛，我承受得了嗎？

當我們要開始進行「分離」，這意味著：我們要將彼此的關係，開始拉出界線，一一的進行**分**、**割**。

過去，為了讓關係穩固，你們用了不少心力，讓彼此的生活有許多連結，甚至把許多屬於兩人各自的部分，都進行許多的交織和連結，讓原本不相干的生活圈、人際圈，有了大量的關聯，也用了種種儀式和形式，讓彼此的生命密不可分。

而如今，要進行分離了，就像是要把兩個相連在一起的身軀，切開、割開。這樣的歷程，想起來就會「好痛」，更遑論是真實行動了。

有時，我們想想就會「好痛」的事，會令我們退縮，也會讓我們不斷拖延，心裡想的是：能夠拖一天就是一天吧！卻不知道這樣拖延著，所耗盡的可是自己的身心，自己的歲月。

你現在覺得無法承受的切割和分離，難道將來體力弱了、生理能量低了、心理功能退化了……你會更勇於切割和分離？

還是你會因為拖了半輩子了，索性算了，就繼續蒙著頭假裝什麼都不存在，什麼都沒發生，告訴自己：「假的！一切都是假的！」要自己就是過日子就好了，直到你走到生命的最後一天？

人們常常高估自己忍受的能耐，卻又低估了自己所要付出的代價。

如果真的準備要為關係的分離準備，也就意味著必須重新界定不同的關係界線。心理的情感界線，或許還難以立刻做出分化，拉出距離，但在身體界線上，就需要漸漸的保持距離，讓身體的界線，為自己慢慢挪移出情感之間的界線。

【離愛醒悟練習】

拉出身體界線的三個重點

1.不再使用共同物品：

不再理所當然、順理成章的共用許多物品，並且開始劃分什麼是你的、什麼是我的。包括財務方面，也不再任意的混淆金錢的使用。

↓這樣做或許會讓你覺得殘忍，但你需要知道，如果連「物品」和「經濟」這些沒有生命和感受的東西，都難以劃分，那要進行到情感的分離及中斷連結，這會是多麼困難的事？

2.減少肢體碰觸機會：

肢體的觸碰，因為帶有人體的溫度，往往會讓我們產生錯覺，彷彿我們仍是親密的，或是彼此有感覺在流動的。許多人時常在決定要分離的情況下，因為對方一個擁抱或一個觸摸，而感覺到彼此之間還是有感情，或還是有些眷戀，因此無法繼續堅持分離的過程。

↓身體的觸碰，實在太容易混淆內心感受，所以，若是正在迷惘或疑惑是否關係該分離、該終止，那麼，試著拉出身體的界線，維護彼此獨立感受和考量的空間，也才能真正問清楚自己的選擇：是好好繼續維持關係，還是該痛定思痛的結束關係。

3.居住空間的分離：

當兩人準備要結束關係時，共同使用或居住的空間，就需要漸漸的劃分開來，這是讓彼此開始適應，失去對方的日子要怎麼重新建立秩序和作息。

↓空間的分離，同時也是象徵兩人不再是「一體」的，透過空間的區隔，產生關係的距離和界線；對方已經不再是可以任意進出私密領域的親密愛人，反而漸漸的退回一般的朋友關係或社交關係。

從身體界線開始，維護所需的基本尊重

其實，這一連串的身體界線，無非是讓自己真實體驗自己究竟有多少決心，要徹底的告別關係，離開這虛耗已久的關係。還是，其實自己根本難以忍受分離的感覺！即使對方已經傷透自己的心，已經讓自己傷痛欲絕，卻還是無法做下離開的決定。

如果你發現，原來終止關係非常困難，也無法從耽溺淪陷的錯誤關係裡自拔，那麼，你需要自覺的是，難以承受告別和分離的人，原來是你自己。這或許也在顯示，這一段關係，即便看起來虐心和充滿虛耗或侵害，卻顯示出你一直以來，無法為自己人生真正建立起界線的困難和問題，以致關係的情況每況愈下。

「人我界線」是一條隱形的線，是維護彼此不受外界控制和支配，最重要的心理防護。同時，也能適當的為自己分辨責任歸屬，不會過度的為他人承擔生命課題，也不會任意的要求他人來承擔自己的生命責任。如果界線不曾被建立過，則我們和他人的關係，必然常常處於混亂和相互侵犯的狀態。

相對於心理界線，身體界線是較容易分別出來的，也就是你的身體主權在你手上，沒有你的允許和接受，沒有人可以侵犯或觸碰你的身體，當然也不可以被虐待和被傷害。所以，如果要維護自己是一個完整獨立的個體，就需從身體界線開始，維護起自己需要的基本尊重。

收拾

【將依戀對方的情感，漸漸收回】

依戀深深，如何收乾淨？

親密關係要能形成，一開始，是透過「情感依戀」和「依戀行為」的發生而構成。所謂「情感依戀」，是指兩者之間，一人從另一人身上獲取舒適與安全感，產生想與他在一起的念頭，特別是在有壓力時，只要對方存在，就能感到舒緩及安撫感覺。

這特別顯示在情侶間的關係，可說是一種成人的依戀關係。而要讓此種具依戀情感的關係形成，則需要「依戀行為」的發生，才能為兩人的關係建立依戀的需求。

這種基於內在安全感所需的依戀需求，是指內心情感所深深牽繫的另一方，若在自己身邊，並及時回應自己時，內在便會感到安全及安心。這是一種在身體和心理上都很緊密的關係：當無法聯繫到對方時，便會覺得不安全；在生活中，會想與對方分享自己的新發現和情緒感受；喜愛對方的模樣，感覺到迷戀傾心，而給予長時間關注。

當兩人的關係建構了這種具依戀情感的關係時，便具有一種心理反應的特徵，就是：當對方在，自己才會安心及舒適。即使對方並未真正的給予安全的回應或實質照顧，但只要對方「存在」，你就可以安心的在旁，做自己的事。

一旦分離，有如世界從此毀滅……

一旦依戀關係經過長時間的建立，則人會忘記了自己有獨立的能力，也有為自己內在建立安全感的責任。會經常想的是，當自己需要情感安撫和情感回應時，就必須向這依戀關係的對象，去索求和尋求依賴。

所以，一旦具有情感依戀特徵的關係，面臨了關係的不適合，而必須走向和另一人的分離和終止接觸時，過程中所要經歷的心理衝擊和撕裂的感受，就像是戒斷反應一樣，有著難以承受的痛苦和煎熬，直逼人崩潰發狂。

在這種情況下，你需要有心理準備：分離過程最大的挑戰，是面對自己因為依戀關係的情感斷裂和剝離，而產生的強烈不舒服和不安全感。這是心理的反應，即使你知道，身為一個成年人，並不會因為失去誰「就活不下去」，但你還是免不了這樣想像自己：「快要活不下去。」

這就像是，你從來沒有吃過甜食，在沒有甜食可吃的日子，並沒有太多不舒服和不愉快；但一旦你吃過甜食，被甜食的滋味深深吸引，甚至感受到滿足和愉悅，要你從今以後戒糖，不再能吃到甜食，你一定會阻抗這個事實，也會拒絕接受這樣的安排，甚至會更強烈的想擁有更多的甜食。

關係的分離，就如同這樣，會產生難以適應的痛苦感，甚至身心都感覺到像是要撕碎一般的毀滅感。

事實是：我們並不會因此活不下去

這些分離的歷程，痛苦的感覺非常真實，然而，卻不是「事實」。事實是，我們不會因為失去任何一個人而活不下去。我們是成年人，自然已經有能力照顧自己，也可以獨立生活下去，只要重建自己的生活秩序，重新找到自己的生活軌道，我們仍然可以在世上，活出自己想要的人生。

但是情緒上的痛苦感，會覆蓋我們的理智腦，讓我們深信不疑，以為自己若失去了對方，將會經歷前所未有的恐懼，也無法預料未來所要面對的變化。這些恐懼及不確定，會使我們更傾向不要失去對方，於是更加的說服自己：若分離或告別了，剩下一個人的自己會十分可憐，只能在寂寞孤單中度日。

一旦關係中產生了「情感依戀」，也就是依賴了對方的情感回應和安撫，就會出現以上所指出的分離焦慮反應。我們以對方「這個人」的存在，來確保自己的安穩及安全感。失去對方的話，我們的心智就猶如退化至孩童狀態，成了無助、驚慌、孤單、傷心、沮喪的幼兒，感覺到對人生的惶恐，和對自己的無能為力。

然而，我們若要從兩個人的關係，走回兩個獨立的個體——「我」和「你」，那麼情感的分離、個體的分化，就是無可避免會經驗的歷程。

所以，當你準備分離的過程，你需要有心理預備，心理的痛苦情緒就像海嘯或海浪，會一波一波的襲擊你，彷彿要把你淹沒，拉入海底，讓你求生不能，求死不得。你也需要有所預備，當你要將兩人進行分化，還回到兩個獨立個體的狀態，這意味著你的情感需求，不能再向對方索求，無論那是渴望被理解、被疼惜、被關愛、被重視、被在乎、被陪伴、被安撫……

相同的，對方所渴求的情感需求，也不再是透過你來給予和回應。

拉出情感界線之必要

如果，無法克服自己的情感需求與想去依賴對方回應的衝動，那麼，拉出情感界線就會相當困難。只要內心經歷到自己的情緒起伏或不安，就會想要拉扯對方進入關係中，回應你、滿足你及安撫你，即使根本是壞的互動品質，也非要不可，因為壞的互動品質，還是好過了空洞、沒有交集的關係，還是有一個人在與自己互動，不是全然的孤立、全然的失去存在感。

【離愛醒悟練習】

築好心理空間的防護牆

在拉出彼此界線的歷程中，請為自己的心理空間，做好一道防護城牆：

- 把自己內在的所思所感，留給自己，不再任意的讓對方侵入或干擾。
- 同時，也對自己內在的需求，開始學習回應、聆聽、陪伴、接納和安撫。

這是做一個完整的自己，所需要練習的能力。當全世界的人都離開了自己，仍然可以深信著，自己與自己同在，自己正在守護著自己，我們才能從情感依戀的關係，漸漸收回自己，漸漸擁抱住自己。知道自己，是唯一不會離開自己的人。

Lesson 10

回顧

【回看過程，承認自己的失誤與無能為力】

你的日子，只有你最清楚

你的心煩意亂，來自於你想「控制」——想「控制」這世界的運作，想「控制」他人的選擇和心緒，想「控制」事件的發展，想「控制」日常的秩序，想「控制」自己的不要出亂……

卻沒料到，因為執意「控制」，而越來越失控的混亂及難安。

如果你接受一切運作自有它的道，便能理解這些道是其來有自，雖看似雜亂無序、衝突混淆，卻有它運作的脈絡和因素。

接受自己的渺小，也接受自己的脆弱，我們沒有這麼強大得可以隻手撐天，你的手掌心無法真正控制誰，唯有好好的理解和洞察自己，明白自己內心的動力及恐懼，或許，還能找到自己內在的一絲安定。

當你面對關係必須走到結束或徹底分離的這一步時，你一定有許多感慨，甚至不解：這一切究竟是怎麼發生的？何以不知不覺中，關係竟走到如此面目全非？

過去的那些曾經，你是如此小心翼翼的面對關係，也總是努力想著，把最好的一切都給對方。如果可以讓對方滿足或歡欣愉悅，你幾乎不會考慮，一定立刻給出，立刻試著去做到。

但是，為什麼用盡了心力，也卯足全勁，對方仍然無法在關係中善待你、關懷你及珍惜你？

這是你想了千萬次，也想不通的事。

在這些感受上，或許我們可以先同理自己，知道自己已經盡了力，也用了心。

【離愛醒悟練習】

同理自己，支持自己

請你，這樣告訴自己：「我已經盡了力，也已經用了心。」

不論是嘗試先釋出善意，或是試圖讓雙方溝通，在各種管道和方法上，你都努力的面對、承擔及嘗試解決。只是，關係並非是由單一方想如何發展就如何發展，想營造什麼就能營造出什麼。

這當然會令你感到挫折，在你顧全了大小事，顧及了所有人的感受後，你是最不被重視、在乎、尊重，也不被理解的那個人。而周圍那些不明就裡，也不知來龍去脈的閒雜人，卻將關係裡的過錯或是關係的最終結局，歸咎於你，就像是你一手搞砸了一樣，罪大惡極。

你要給自己支持：

・不去認同那些不相干人的評語，也不將某些人的八卦心態，視為對你的污辱和指責，而讓你自己受傷難過。

．對於一些心術不正的人或愛看熱鬧的人所說的酸諷嘲笑言詞，請不要將那些言詞語句收下，那不該占據你的心理空間，不僅沒有任何益處，還可能消磨你的心理能量，令你心理力量萎縮，引發你的自卑及沮喪。

在你經歷了好長一段日子的黑暗，彷彿走在沒有任何亮光的幽悶深長隧道裡，你知道的，在這段日子，其實沒有什麼人真的可以深層理解你的痛苦，也沒有人真的能替你承受那些苦難。

你的日子，只有你自己最清楚，那是什麼感受和什麼滋味。

所以，別輕易讓別人的評語和膚淺論點，傷害你、擊潰你。

這世上，沒有任何一個除了你以外的人，可以輕率評論你、定義你，除非你認同及接受，否則那些言論，與你無關。而他們，並不會替你過人生，也不會為你負責生活。

接納不完美

為了對自己有所交代，不會產生自我分裂及導致自我的支離破碎，越坦誠面對自己，越坦然接納自己，越能對自己的人格整合有益處。

很有可能，你會在回顧這一段關係的歷程裡，看見自己有許多無法接受的面貌，也許你會看見自己的傻、笨、不機靈、不聰穎、好騙、好控制、好無知、好可笑……這些看見及你對自己的評語，會讓你好難接納自己，也會厭惡自己竟然誤入一段充滿錯誤、充滿欺騙，或充滿操弄的關係。

因為這些看見，你對自己的感覺變得混亂和不敢信任。你懷疑自己的能力，是不是在關係中，自己就會變得無能、無知和非常好操控？

你也會疑神疑鬼的不斷從記憶裡，想要探尋過去的自己，為什麼會掉進這麼萬劫不復的關係？為什麼會進入被掌控、被犧牲和被索取的關係？為什麼在這一段關係裡，你會看見一個如此不可愛的自己？和一個你感覺到疏離陌生的自己？

因為這一個人、這一段關係，你竟然就像是落入迷魂陣一樣，不僅喪失心智上的自主，也不懂何以你會一敗塗地到什麼都失去。

在回顧的過程裡，當你體會到這樣的歷程，當你也不得不嘲諷自己的愚蠢時，請你原諒自己的限制，也接納自己的不夠完美。而這世界，確實有許多存在的人事物，是我們還沒有接觸過、歷練過、明白過的經驗，我們確實有無知、不懂的時候。

或許可以說，你試圖對這世界，保持善良和單純。但單純和善良的代價，就是遭受到驚嚇，和遭受欺騙或傷害。

接納所有的「我」，真誠的成為「我」

有些情況的發生，我們無法預防，也無法掌控，它是一連串的變化。雖然確實也有我們必須要承認的錯誤，以及必須承擔的代價，但不表示我們罪有應得，或活該倒楣。而是，我們從中看見我們始終期盼的關係，或許都少了些認清真實、認清對方，也認清自己。

有些關係，基礎點就已是錯誤。有些關係，從一開始，就缺少了愛。有些關係，是相互的舔傷或取暖，卻未必是懂了何謂成熟的愛。

在這世上，只要我們不是唯一活在這世界的生物，「關係」就會必然存在。但是，我們卻不必然都輕而易舉的學會了「關係」的課題，也不必然懂得辨識出良性、健康的關係。

有時候，錯誤必然要發生，這是因為我們從未學習過或經歷過，關於「關係」的功課。若沒有了一些錯了的關係、受傷的關係，又如何能為自己辨識出那些真正好及良善的關係呢？

就像是星星的光芒，若沒有黑暗的存在，又如何會被顯明呢？

生命的成熟和蛻變，就如發出光亮的星星，耀眼奪目。而生命裡的黑暗時刻，雖然暗黑孤寂，但在我們願意臣服、謙卑、領悟之後，那些黑暗的生命遭遇，會造就我們的生命光芒，讓生命的光輝更璀璨，也更加明亮。

只要你接受自己的有限，接受自己曾經的無能為力，那麼，從接納真實的自己開始，讓自己真誠成為「我」，接納所有經歷的「我」，開始有意識的為自己重寫一個有真實愛的人生。

你的生命，仍然無損，有如美麗星星一樣的讓人感動和欣賞。

Lesson 11

離去

【為自己停止自憐與離開受害者位置】

你的人生舞台，劇本是什麼？

因為是自己長年來害怕否定，不自覺的討好、隱忍，忽視自己的感受和需求，把利用和汲取當成是一種價值感的肯定……

這一切的錯誤以為，都源自於自己心裡的缺口——那一個充滿恐懼、充滿羞愧感的內心黑洞。

原生家庭的親子關係是第一個舞台，伴侶關係是第二個舞台，還有同儕、職場……這樣的情節戲碼，在自己的人生舞台，換景不換劇本的輪番上演。如此盡職的演出受害者、受苦者，逼迫同台演員無法卸角的必須配合演出加害者、逼迫者。

如果選擇離開一段關係，就是等於選擇離開「受害者」的位置和習氣。不再無意識的以忍讓和委屈面對關係，以致殘留給自己生命許多的怨氣，和受害、受苦情緒。

你之所以選擇終止錯誤關係，中斷長久以來的痛苦和傷害，這意味著你不再視自己為無助者，認定了自己在關係中，就只能活在失去自己的受害處境裡，含恨含怨，直到終老。

等待，讓心凋零……

許多人可能曾經勸過你：再堅持、再努力，終究可以盼得對方的疼惜和明白，因為你是那一位最為他付出、最給予他所有包容及等待的人。

你有好長的一段日子，確實如此期盼自己，終將能等到對方的認證：你是最好的那一位……

但漫長的日子，就像是走在那深不見底的暗黑隧道之中，你總是安慰著自己：「終會走到見到曙光的一刻！」

然而，你走了這麼久，試了又試，努力的改自己這個、改自己那個，卻仍是沒有見到什麼亮光告訴你：「解脫和釋放的時刻到來了，你們兩人的關係，終於走到柳暗花明又一村的光景。」

所以，你含怨，你心傷，你滿腔滿腹的委屈，覺得自己的人生、青春、歲月都被糟蹋了，被傷害了，卻還是沒有得到任何平反。

親愛的，這人生如果要一直處在原地，等待有人看見你的受苦及受傷，冀求渴望那一點心疼及珍惜，那麼，你會在等待中，消磨掉你的生命能量，也會在等待中，越等越沮喪，越等越抑鬱。

我們只能盡力做好自己

何以你習於「等待」呢？

是否你總是告訴自己，你沒有能力也沒有權利，獲得任何平等的對待？

是否你總是把自己擺放在所有人之下，仰著頭，卑微的承受他們頤指氣使？是否你總是和其他人一樣，常嘲諷著自己：「你憑什麼擁有？憑什麼心滿意足？」是否你習於自卑，總是不斷的告訴自己，除了等待，你什麼也無法爭取，無法為自己掙得？

是的，親愛的，你無法掌控別人，無法決定他人要用什麼標準和評價，來認為你有沒有資格獲得，有沒有條件平等。你也無法控制他人一定要如你的想望和期待，來回應你，對你好，對你尊重。

這世界的真實，來自於我們只能盡力做好自己，卻不能掌控及決定他人的生命。所以，你可以控制自己，可以掌握自己的心智、情感、行動力，為自己所渴望和需要的付出一份心力，支持自己。為自己堅持平等的對待、合理的對待，離開受害及受苦的位置，也不再把許多的壓制及侵犯，視為理所當然。

如果連你都不在乎自己的權利和受苦，也不尊重自己有平等的權利，你要如何在自己的生命局面中，破繭而出？你要如何為自己實現一個你真心實意會感到幸福的人生？

開始行動

自憐與受害者位置，是無能為力者所在的處境，這是長年來學得的無助，總是在生命裡的重要時刻，以「認命」及「我就是卑賤」、「我就是不幸」、「我只能受制於他人」等等的言詞，束縛自己的力量，也推拒了為自己的生命幸福負起真正的責任。

自憐與受害者的位置，讓我們的悲苦辛酸都有了指責和怪罪的對象，只要怪罪環境不滿足我，怪罪他人不理睬、不回應我，怪罪生命的一切都不恩待我，我們就有非常足夠的理由，停留在自憐情緒裡及受害者的位置上，撇清自己生命的責任，放棄為自己的人生奮力。

如果，你現在終於意識到你要覺醒，你不能再把生命停留在「自憐與受害者位置」，任憑傷害和侵犯不斷循環，也不再認同、內化那些對你殘忍不仁的對待，那麼告訴自己：你的離開，你之所以要讓關係終止，是為了為自己的人生負責。

這是你的勇氣和給予自己的慈悲。你要讓自己的人生從那些困境破繭而出，你要成為解救自己的那個人，你要讓你的生命，有真實的平等和尊重。

你知道，這不是口號，要從你有所行動，開始。

【離愛醒悟練習】

離開自憐與受害者的位置

下面這句話，請你勇敢的告訴自己，並且付諸行動：

「我的離開，我之所以要讓關係終止，是為了為我自己的人生負責。」

行動

【完成自己需要的告別歷程】

確認，再確認

告別，是儀式，也是歷程。

也許從收拾物品開始，將物品一一重新歸屬，到生活作息安排的切割及重新安排，建構各自的生活圈，再到對彼此關係的重新界定，形成共識，直到真正告一段落，關係完結。這當中的過程，不是簡易可達成，也不是其中一方可以輕易決定。

溝通、爭執、衝突，再到溝通、爭執、衝突，可能是不斷的循環，也不斷的讓人反覆受挫和困擾。

在這些反覆的過程中，你有無數次的機會，反覆確認：「分離」是否是你已經準備好的決定？如果是，如何轉身，才是真正的放下？

感受，再感受

告別的歷程，就是讓你有所準備，也親身去感受每一部分、每一環節，你如何面對、處理與善後。

究竟自己要如何才能度過這些歷程？

在歷程中，你發現了哪些不同的自己？

你在哪裡會卡關？進退不得？

你在何處，還是會感覺不忍心、心軟？

你在什麼部分，很介意，很難真正放下、釋懷？

你在哪些想法裡，特別會經歷到自己的恐懼、不安、挫折、哀傷和脆弱？

你對於「分離」後的未來，想像的樂觀情景多？還是悲觀情景多？

如果就此告別，接下來的日子，有什麼情況，是你很不想發生？也害怕面對的？

最好的「分離」，是兩人都有自覺

每一個人的關係狀態和所要面對的分離情況，不盡相同，無法使用同一種版本，來解決兩人的關係問題，以及處理兩人的分離歷程。

在處理的過程裡，能牽扯的人越少，是越好的，以避免不必要的干擾或介入發生。也可以減少因為別人的意見或勸說，而迷失了自己真正的想法和想要做的決定。

最好的「分離」，是兩人的共識：知道彼此的關係，已失去「親密關係」的意義，而是淪為控制、支配、汲取和糾纏。

甚至，能確認的「愛」，早已不復存在。

當然，要兩人同時都有這一份自覺，並不是簡單的事，因為「自覺」的條件，是能夠反思、回顧，以及覺察自己的所作所為。

當關係中有一方，其人格其實是很難自覺時——無論是自戀性人格、依賴性人格、邊緣性人格或控制性人格，他對於所引發的關係暴力及虐待往往不會意識到：

「痛苦及殘暴的關係並不健康，也不對勁。」往往這種情況，分離和告別的過程，就需要許多警政或司法的介入和協助，並且可能要求助社會的保護系統讓自己避免反覆的被威脅、被騷擾和被恐嚇。

威脅、騷擾及恐嚇，也是「暴力」的一種，即使沒有肢體上的暴力發生，但精神上的威脅、騷擾及恐嚇，也是對於心理施予暴力，讓人置身在壓力和恐懼之中，難以安穩。

對於如此複雜及困難處理的關係，去尋求專業諮詢，無論是心理、法律、社會救援、警政系統，都是必要的行前準備。

想像未來的畫面

在心理上的準備，你需要確認自己「分離的決定」不是鬧情緒，不是試探，不是做為關係控制的籌碼，而是經過深思熟慮之後的決定，想為自己爭取想要過的人生，為自己生命的品質及安全，做最大的堅持和爭取。

這種情況下，「關係結束」是目標，也是生涯的方向，更是自己人生不再消磨虛耗的停損點。

你承認自己沒有如此強大的心理能量，也沒有強大的自我，可以無限的承受、承擔和因應。當然，也需要承認自己是平凡人，受不起這些折磨，無論是身體上、心理上與精神層面，都無法繼續被折磨得不像是個人，繼續那種不該過的生活。

關係的告別，也就是關係的斷捨離，非常需要強大的能量以應付各種突如其來的情況，面對各種七嘴八舌的評論和勸誡，也要有心理強度，認同及支持自己所做的選擇。

如果，你尚有一些力量為自己做些行動，那麼這些力量，不是要耗在與對方的拉扯和糾纏中，而是好好的規劃分離的步驟和程序，完成你所需要的告別。

那不只是寫一封告別的信，或留個說再見的簡訊而已。也不只是吃最後一頓飯，或進行最後一次旅行就是完成告別。

而是，如何在心中確認，你的「分離」，不是「逃」、不是「躲」、不是「避」，不是一種自我麻木和對自己生命的無力，所選擇的撤退。

你可以試著做一個想像，將這個想像視為你想看見的未來自己，來檢視你的「分離」，是否是你確切的決定。

【離愛醒悟練習】

以具體的想像，賦予自己離開的力量

1.請你靜下心來，為自己開始想像：

當自己可以完整的告別這一段不適當、偽愛、傷害的關係後，你會過一個什麼樣的生活？你會希望和對方保持在什麼樣的距離中？或形成什麼樣的新關係型態？

2.請將這些想像具體化：

你看得越清晰和細緻，就越知道現在的你，該怎麼行動、怎麼處理、怎麼回應這個處境。現在你所做的每個反應和步驟，都會引領你走向未來的生命處境，也會形塑出未來的你：過什麼樣的生活？有什麼樣的關係狀態？有沒有屬於自己的真誠人生，和真誠自我？

3.以五年為一個單位，試著冥想，並分別寫下未來的你想告訴你的話，會是什麼：

如果可以，請以五年為一個單位，想像從五年後、十年後、十五年後、二十年後的自己，分別對現在這個時空的你寫下：表達些什麼？關心些什麼？有沒有什麼，是他們在未來想告訴現在的你的話？他們想讓你清楚知道什麼？又想讓你痛定思痛什麼？如果，他們期望你現在有個完善的告別、善了的關係，他們會希望現在的你怎麼做？

5年後的你，想對現在的你說的話是什麼？
關於關係的處理，5年後的你，所要交代及叮嚀的是什麼？

10年後的你，想對現在的你說的話是什麼？
關於關係的處理，10年後的你，所要交代及叮嚀的是什麼？

15年後的你，想對現在的你說的話是什麼？
關於關係的處理，15年後的你，所要交代及叮嚀的是什麼？

20年後的你，想對現在的你說的話是什麼？
關於關係的處理，20年後的你，所要交代及叮嚀的是什麼？

陪伴自己，走向下一步

完成了這些冥想和書寫之後，你是否更確切的知道自己內在的渴望，和真實的聲音？是否可以感受未來的自己，在不同的生命階段，都一一期盼及支持你，為自己做出好的行動，也為自己抉擇了正確的人生選擇？

你是否更感受到自己給自己的力量呢？是否可以確信，即使熬過分離的過程會很艱辛，你也會義無反顧的陪自己好起來？

當你真的開始要懂得愛回自己，我相信確實如此，你會義無反顧的陪自己度過這些煎熬，和所有的歷程。

每一段感情，都使你或堅強或脆弱。

——**麥克・莫爾多克**（Michael Murdock，美國牧師）

Part 3

我如何療傷？又如何能真實去愛？

12步為愛學習：自我療癒，走向愛

Step 1

祝你幸福

【停止指責與埋怨的報復及攻擊】

請對自己說：「這是我的選擇。」

分離，需要勇氣。

放手，也是負責。

面對難以再用過去的某個形式或條件，繼續維繫關係時，我們終將要面對關係改變的事實，並且尋求可能可以停損的時刻，留住彼此都尚且珍惜的部分。

如果，沒有可以珍惜的部分，至少還能彼此真心祝福：祝你幸福。

當我們是帶著傷害及不甘心選擇放手及分離，那後續的代價將是——更長、更久的人生黑暗，等著你。

「這是我的選擇。」你需要這樣告訴自己。

你勇敢的面對及承認「這是我的選擇」，你才能長出力量承擔接下來的變化。否則，你會永無寧日的處在擔心無法承受的情況中，無限想像「壞」的可能。

分離，不是因為放棄，而是真實的明白「事實狀況」，也理解再耗下去，只是一同毀滅、兩敗俱傷。

以愛面對

而無論發生什麼情況，請以愛面對。所謂的「愛」不是指關係裡的那份渴望親密靠近的「愛」，而是一份接納、包容，承認彼此的有限，承認我和你都只是凡夫俗子，並非完美的一份諒解心，來面對彼此關係走到終點的事實。

「指責」和「埋怨」都無法使關係走向善了和善終，反而將引發沒完沒了的爭執和衝突，造成更仇恨及敵對的關係。

我們既然已經了然於心，明白這段關係「不適合」在哪裡，那麼，這是不需要

「解釋」給別人懂的。除非我們對自己懷疑和不認同，才要急忙解釋，急忙為自己辯護，深怕他人的誤解和批評。

你或許會想討回公道，認為自己在關係裡受盡了折磨和委屈，為什麼不能大聲抗辯？大聲揭露對方的攻擊？為什麼你不能讓對方知道，錯是在他身上？為什麼要委屈自己沉默和忍受？

「不解釋」不代表是沉默和委屈壓抑，而是知道自己所感受的、所知覺的，都不在對方的理解範圍之中。如果，對方真能理解和尊重，那關係也就不需要走到此種地步。

讓心沉澱

有時候，我們之所以想討回公道，嚥不下那口委屈的氣，或許是我們對於過去自己的「忍受」和「受苦」，覺得不平，但更多的是，對於自己的忍受和犧牲，感到不值，很氣憤自己的傻和笨。

因此，之所以要奮力討回公道，是為了想要切割和抹去自己曾經所做過的決定。我們想證明：「有錯的，不是我。我是如此真心真意，付出犧牲，是你不懂珍惜、不懂理解，也不懂你究竟傷害了我什麼！」

於是，我們反覆的尋找認同，反覆的想找一個人來肯定，「我的感覺和我的立場，都是正確的。」

但是，這是一場永無止境的戰爭，無法令我們在分離之後，真正的走向新生活。我們需要做的是，沉澱。好好的停下那些心中的委屈和憤恨，所引發的指責和攻擊。因為在「關係」裡發生的情況，都是雙方互動下的結果，也就是彼此都有各自在關係中，給出的行為和反應，讓關係形成了某種難以鬆動的模式，共構出某種關係狀態和品質。

當我們想要成為受害者，來控訴對方的不仁不義時，對方勢必也會反擊，數落我們許多的缺失和不以為然。這些關係的相互攻擊及指責，並不會讓我們真正的理解關係裡的真相，也無法輕易的得到社會輿論的支持。

而我們也需要明白，我們認為很不合理、也很傷人的事（諸如被利用、被消耗和被踐踏），對某些人格來說，他的行事作風和內在的運作架構，都不會認為這些有什麼「不對」。當他們凡事都以自我中心的角度來回應給外界時，往往他們認為的外界（或至親），都是要來負擔滿足他們、受他們操控及支配的，卻從來不需要考慮自己的責任，和需要面對的做人做事倫理及道德。

好好的，照顧自己

每個人因為自己的出生背景、成長歷程、生命經驗，乃至和父親、母親的關係經驗，都會影響到我們與外界關係的互動，也影響著自己在關係中的位置，和在關係裡的應對進退。

所以，有些人利用、消耗和踐踏他人，有些人迴避、排斥或攻擊他人，這些都出於我們內在的潛意識作用，反射出我們對於「關係」的看法、對「自己」的看法，和對「世界」的看法。我們都各自解讀和判斷了情勢，也解讀和判斷了對方的行為，來引發出我們的情緒感受和想法，而產生行動的反應。

在各自的立場上，以及各自的生命經歷上，我們都只能做出各自會做的反應。對方做不到的，還是會做不到，無論你怎麼期盼和渴望。

與其將焦點放在要對方「認錯」或「道歉」，而指責及攻擊對方，不如為了要讓「關係」好好終結，不再持續性的傷害自己、耗損自己。我們要能讓關係的交集慢慢變少，並把能量放回修復自己，為自己療傷，照顧自己的傷心和難過，也平復自己的挫折和痛苦。

Step 2

勇敢放開

【留給彼此各自勇敢面對人生的祝福】

讓關係美麗蛻變

曾經走在一起的兩人，無論起頭的原因是什麼，一場會錯意也罷，一場相知相惜也好，當認清楚彼此已經走到「再也不能再壞」的地步時，攤開真實面對，是必要的歷程。

但攤開面對的歷程，並非是要情緒性的崩潰，來個徹底玉石俱焚，而是確切知覺，放開彼此的手，解開彼此的糾纏，是另一種昇華愛的形式。

即使有愛，都不必然要占有，或控制。若關係裡只剩占有或控制，那也不會是愛。我們的社會，對「愛」的定義，往往都包含著無限滿足渴望的期待，那是對「完美情人」的想像，但那不是「愛」。

「愛」是知道究竟如何回應和面對，才是真正對生命有益的「好」。製造溺愛、寵愛、無限滿足，卻責任不分，絕對不會是「好」，這是讓個體活在「幻想」中，而不需真實面對人生。

如果耽溺在關係裡，變成了殘害彼此生命的人，以虐待或依賴，讓各自的生命更加退化及退縮，那樣的「相守」及「彼此取暖」無法讓生命真的更好，反而會走向毀滅！

請為自己認清楚這個「事實」，讓各自的生命真實開展及蛻變，而不是卡在關係的泥沼中，雙腳陷落。

引導對方，與你一同面對

當你真正要面對分離，這未必是在雙方有共識的情況下（有共識當然是最好的狀況），所以，你需要引導對方的覺知，也要一同面對「在一起」的情況下，所造成的耽溺和陷落。「痛苦感」是最好的證明——糾結矛盾及不安的關係，缺乏信任和親近的關係，都會產生內在的「痛苦感」。

一段不適合的關係，正向的情感經驗必然少之又少，即使想努力的營造，或努力的抽絲剝繭，以找到一絲絲的記憶，來證明兩人的關係有甜蜜的時候，但那絕對不會是「大部分」的時候，而是要非常努力，才能獲得的經驗或感受。

一份真實愛的關係，是含有正向情感經驗的關係，是相互支持、關懷、體恤、理解、容許、欣賞、尊重、照顧、接納的關係。如果在一段關係裡，這些正向情感經驗非常困難創造，也困難擁有，又如何讓兩人安心及真誠的共同經營關係？

或許，這樣的關係雖然建立了，也有維繫的條件，但真實是：當中有一人，或是兩人，其實是迴避關係或無法安心處在關係裡，好好的與另一個人在一起。

為了彼此的人生都更好

我們可能都忽略了，一個不夠成熟安穩的個體，就無法成熟安穩的建立關係，以及在關係裡，成熟安穩。無法在關係裡自在的人，內在必有許多個人尚待解決的人生問題，也有許多迴避面對的真實自我。

所以，關係裡有另一個人存在，無疑就等同有一個人在盯著他，讓他感受到無法安心，擔憂著關係中的另一個人什麼時候要傷害自己、背叛自己、遺棄自己，而產生了混亂和急躁的各種「迴避真實關係」的動作。

找其他的對象轉移注意力，或是找其他關係做短暫的尋歡解悶，又或者人是好像存在，但心始終停留在他自己身上，怎麼樣也看不見、聽不見對方的存在……

這些都是人，混亂和急躁的各種「迴避真實關係」的動作。

如果知道這一段關係揭露的，是彼此或一方根本沒有準備好「建立關係」、「進入關係」、「關注關係」，那麼，讓雙方有機會去好好面對屬於自己的人生，有足夠的空間和時間，去反思自己的生命及解決自己長期的生活問題（人際、社會適應、人格、情緒、生活安排），其實是一種解救彼此的行動。

讓各自有面對真實人生的勇氣，而不是躲在假性關係、偽愛關係裡，想要避開人生的現實和各種風暴，卻渾然不覺，其實自己身處之處，是最大的風暴圈。

離開真正危害自己生命的風暴圈，才有可能挽救自己的人生，重新擁抱回自己。

如果你念情，也還留戀著與對方的感情，那更要為了他的人生，勇於放手。因為留給彼此各自承擔人生的勇氣，才是對雙方都好的決定。在彼此互道再見之後，各自才能再遇到不同的人生機緣及際遇。也許對兩人來說，能為對方帶來的生命成長能量，已然消耗殆盡，再也無法讓彼此在關係中，有所學習、有所提升，那麼，各自退位、離開彼此的生命，也許才會有另一段人生旅途的開啟。

Step 3

和平落幕

【找到維持友善卻不打擾的方式】

為自己畫出防護界線

為什麼要找到維持「友善」卻不打擾的方式呢?那是為了確保維護好自己獨立的界線。

不興干戈,也不主動接觸。和平,才不會過度製造不必要的傷害。

為了讓關係真正善了,我們要多思考的是:如何終結關係,才不會引起後續一陣陣的漣漪效應。如果為了讓關係終止,我們撕破彼此的臉,任意的傷害彼此的尊嚴，並且在過程中，充滿辱罵、爭執、怨恨、攻擊，和不停的翻出舊帳，一筆又一筆，沒完沒了……雖然好像是要讓彼此關係的歷程有個清楚明白，但是在各說各話的情況下，往往就是各執一詞，各自表述，難以統整出完整概括，反而產生更多、更重的傷痕。

關係終止，就是兩人共同走在一起的最後時間點。在關係終止的時刻，最好能讓一切都塵埃落定，所有往事都被放下，既往不咎。若是關係終止之後，兩人仍舊煽風點火，是是非非爭執不休，那充滿泥爛惡臭的惡質關係，哪有終止呢？難保不又是糾糾纏纏、混亂耗損的下一回合。

所以，要為自己找到當關係終結時，不會製造對立、怨懟、仇恨的方式。畢竟地球是圓的，不知道人生的哪一個時刻，我們還是會在另一個階段、另一個人生場合中，遇見對方。

為對方保留情面和隱私，其實也是為自己保留尊嚴和隱私。

雖然關係要走到終點，在往臨終過程中，必然有許多的衝突、對立，而情緒的拉扯和糾結，也會讓彼此充滿不舒服和不平。但是，若彼此對關係的結束已有共識，並且確立了告別關係的程序及過程，那麼，帶著意識想一想：你希望在關係的最後終點，能為彼此故事的完結篇，寫下什麼情節？如何做，才能留下最好的句點？如何進行最後一幕，關係才能真正落幕？

避免不切實際的幻想

然後，不要過度的想像（或期待）對方會在失去你之後，終於發現及覺察到你的重要性，而想要對你懺悔和彌補。這是不切實際的幻想，不僅錯估了人格和人性的固著性，也顯示在你內心，仍然需要透過對方的肯定及認錯，以得到彌補及申冤。

如果，發現自己有這樣的想像（或期待），請告訴自己，離開這一段關係，就是不再把「肯定自己價值感」的這份需求，透過對方來證明及滿足。你正是因為認清了被對方珍惜及肯定是何等困難，你才決心從自己來做——學習肯定自己的價值，學習真正懂得自己的好。

為了讓彼此有足夠的空間修復自己，面對自己真實的內在痛苦，我們才需要不再打擾對方。若是在分離後的日子裡，雙方仍不斷抛出許多引爆彈給對方，那接續的生活必然永無寧日，也會受到一波波的衝擊。

為了自己的身心修復和找回自己想要過的生活，為自己畫出防護界線、建立自己的安全空間，讓自己有足夠的平靜日子，來面對傷痛的自己、沉澱往日不堪記憶，我們才能慢慢的、緩緩的靠近自己，連結自己的情感，真正的和自己對話，重新拾起破碎的心，拼整回完整的自己。

Step 4

重拾獨立

【還給自己獨立的自我空間】

好好學會，成為完整獨立的一個人

分離之後，就是從此之後，我們要各自回到「我」和「你」；回到各自身上，恢復獨立的生活。

「獨立的生活」，才能真正鍛鍊自己的完整獨立。當生活裡，那個讓我們痛苦、受挫、耗竭、愴痛的那一個人，已離開你的生命，你已不需要再以對方的存在，來漠視及壓抑自己，也不需要再把生活裡的大大小小事，都考量對方，擔憂對方的喜不喜歡、接不接受。

於是，你真正最重要的是——迎接回自己的人生，真正的認識你是誰，真正的看見自己的天賦和獨特。並且，用你自己的方式和決定，來安排及建構你的日子和生活。當然，也沒有另外一個人來限制你、束縛你、要求你、損耗你，讓你覺得人生都栽在這一段關係裡，永無天日。

這是你，好好學會成為完整獨立的一個人的修練過程。

但是，首先，你需要給予自己完整的獨立空間，來修復自己內在的破碎，也沉澱過往的經歷和情緒。

從內而外，認同自己

分離後的兩個人，已經不適合同住。也不宜理想化的認為：彼此一定能界定清楚關係，即使住在一起，也不會產生任何關係的混淆。

事實上是，當關係名義上分離，或是法律上分離，然而，身心和生活作息（生活圈）都未真正分離，那「分離」的意義，是無法發揮效用的。

如果為了維持表面的關係形式，而讓自己繼續維持在同住，或同生活、同工作狀態，這樣的「分離」也是自欺欺人，更可能造成自我的分裂，不知道什麼感受是真實的，什麼反應是做給別人看的。

拉出彼此的獨立空間，等同保留好自己的身心空間，不再由對方或其他人干擾。也開始練習從內而外的支持自己、認同自己。

畫出你的「成長計畫圖」

或許你會一直陷在不安的焦慮情緒中，常想著自己是對？還是錯？或是不斷的以其他人的看法及評論來打擊自己，懷疑自己。

在這樣的時刻，請你靜下心來，問清楚自己：人生的方向是什麼？你要成為一個什麼樣的人？你要前往的目標是什麼？

你看過賽馬的場景嗎？賽馬在奔跑時，是如此專注而目標明確，必須不受環境的鼓譟影響，專心一志的接受主人指揮，以達成目標。

在你確認「分離」過後，這表示你的目標，是往更好的方向前進，成為成熟而更有界線的人，建立一個有真實、有愛的交流的關係，並且讓你的生命不再陷落在無助和受害的深淵，而不可自拔。

你需要為自己畫一幅**「成長計畫圖」**。

【為愛深層療癒】

畫出成長計畫圖，確立想要「獨立」的目標

目的：

畫出你的成長計畫圖，來讓自己知道：

- 為何要從關係中離開？
- 為何要獨立走人生的一段路？
- 為何需要重新面對自己，陪自己往前走？

做法：

現在，你可以拿出一張白紙，在白紙中央畫出一條生命線，是從現在走向未來：

‧「未來」，可以分為一年後、三年後、五年後、八年後、十年後、十二年後、十五年後、二十年後……

‧在這些年數的時間下方，寫上自己盼望學習的成長，或擁有的身心狀態。

舉例：

現在

未來表	想擁有的自己
一年後	
三年後	
五年後	
八年後	
十年後	
十二年後	
十五年後	
二十年後	
……	

通往未來

對自我提問，在內心冥想：

1.在每一個短期目標裡，問問自己：在這些被分化出的年數裡，「你想擁有的自己」是什麼模樣？

2.你可以透過冥想的方式，往心裡去尋找：

‧你對自己的期許……

‧你對自己的相信……

‧你對自己的愛……

看見在未來的每個不同的自己，在向你打招呼。

◇◇◇

這是一段建構意義的歷程，你越看得見自己想要趨近的樣子，越能實現一個有意義的人生，也會知道自己要專注的方向究竟在哪裡。

Step 5

遠離干擾

【問候未必是需要】

問候，對彼此都是打擾

在分離過後，有些人會想要保留這份關係，以昇華的情感，來維持一種熟悉、卻不再親密的關係。對於許多人而言，雖然最後我們說了再見，從此分離，但彼此曾是對方人生裡參與過一段生命歷程的人，即使愛恨情仇糾結，但不能否認的，都是存在於自己某段生命時光的重要關係；或許彼此不適合做情人、做伴侶，但會不會適合做知己？做摯友？或至少能當個曾經熟識的朋友？

但是對於各自在調適分離事實的過程中，問候，其實是一種打擾。分離之後，你需要留給自己足夠的時間，來面對自己的傷痛，和修復這一段關係對你造成的身心影響。

常常想著「要問候對方」，不僅對自己是一份干擾，對於對方來說，也可能是一份打擾。

若有想念，想念你自己的想念

有些人在關係分離之後，還是希望自己在對方心中，留著的感受是「有情有義」，不論是對方主動來聯繫，或是自己主動聯繫，還是會非常禮貌及客氣的和對方互動，甚至將兩人後來各自的生活際遇和變化，相互傾訴，以分享之名，讓彼此繼續在情感上持續的連結。

這是需要留心觀察的情況。是不是在分離之後，彼此還是有些個人需求，想要在你們這段關係裡獲得及滿足呢？

這是你願意的事嗎？很多事情，有一就會有二，一旦破了那「一」，第二次發生時，就很難拒絕了。所以，你是否真的願意接受被打擾？是否願意對方繼續把個人生活細節，對你傾訴？甚至，再把生活的難題和煩惱，交由你承擔？

要拉出彼此的關係距離，那麼雙方見面和私密談話，都不是恰當的情況。不僅兩人的界線很難拿捏，非常有可能的是，又將落入關係的另一次循環，讓關係持續在糾纏中，起起伏伏。如此擾亂的不只是自己的生活安排，最大的破壞是，對身心所造成的負擔和混亂。

相互關心生活，更是需要深思熟慮的。一旦有關心生活的情況，就很有可能將對方視為自己私密領域的一個重要他人。

當你確切的知道自己已離開，那就為自己堅持住不再關心，讓這一段關係，停留在記憶裡面。就如歌曲〈陌生人〉的歌詞所寫，當我們可以漸漸知道對方確實是「陌生人」了，這意味著自己能夠誠心祝福對方幸福，不需要再含恨對方，但深知對方的幸福，已然與你無關。

「我不難過了　甚至真心希望你能幸福　當我瞭解　你只活在記憶裡頭　我不恨你了　甚至原諒你的殘忍理由　當我瞭解不愛了　連回憶都是負荷　我不難過了　甚至真心希望你能幸福　當我瞭解　你只活在記憶裡頭　我不恨你了　甚至感謝這樣不期而遇

當我從你眼中發現 已是陌生人了 我已是陌生人了」（作詞：姚謙）

若有想念，想念你自己的想念，但堅持不再有兩人的深入交集。在還未真正的修復好自己的傷之前，也還未能重新建立新的互動模式之前，為了保護自己，也為了界定好彼此的關係距離，就讓關係停在某一個時間點上，不再譜寫後續的情節，不再節外生枝更多的糾結。

接納孤獨

【這一次勇敢的為自己，接受真正的分離】

堅持分離的勇氣，走出感情舒適圈

許多人，是經歷了疏離情緒、摯愛死亡，以及被遺棄、背叛的衝擊，才經驗到生命的探索之旅。

而經驗探索之旅，猶如流浪者，感到孤獨，是在所難免的。

特別是「關係的分離」，讓人不得不的經驗深刻的孤獨。

但與其逃避面對孤獨的自己，卻無法和人再建立真正的信任關係，不如為自己尋找到與自己安在的方式，真正與內在的自己接觸，不再迴避、不再切割。然後，為自己學習理解這人生的真實。

你若懼怕孤獨，這探索之路、學習之旅，反而沒有任何的進展。不離開任何的熟悉，世界確實看似很安全，但你永遠無法認識真實的世界，也無從連結更大的世界。

當你離開了和另一個人的「關係」，這意味著你要產生連結的對象，重回到你自己。在過去擁有親密關係的情境中，雖然看似有另一個人作伴，但這個伴讓你失去很多，也讓你的生命跟著混亂混淆。釐不清楚的傷害，總是一波未平一波又起，讓你疲於奔命、掙扎受苦。

當這一切的折磨都告一段落，關係的那個人，走出了你的生命，雖然好似回到孤獨的處境，也感覺到生命似漂流，沒有了歸屬，但這終極的存在孤獨，無非是要你真正的學會——和你自己相處，和你自己連結，和你自己整合。

你說話的對象是自己，你照顧的對象是自己，你要反覆安撫及安頓的人，是自己。所有生存的焦慮，像是洪水猛獸一樣，撲向你而來。恐懼，無聲無息的覆蓋你的全身，遍布你的生活。你究竟有多少力量保護自己？有多少能力照顧自己？又有多少愛接納自己？這些都會在你的孤獨處境中，顯露無遺。

你慌，你亂，你不安，就會開始抓取，抓取人、抓取金錢、抓取以為可以控制的事物，讓自己避免接觸自己深層的孤獨，以為只要不看，就可以假裝自己沒有孤獨焦慮。

但是，你若願意接受孤獨，接納感到孤獨的自己可以存在，不用激烈的想要逃開，也不用以任何評價強勢的評斷自己：可憐、不幸、悲慘、失敗……不要用這些惡意的標籤，往自己身上貼。僅僅感受孤獨，就像遇到「孤獨」這個既熟悉卻又陌生的朋友到來，你要如何和「孤獨」對話？要如何和孤獨相處及同在？

不拒絕體會到孤獨的自己，你才能與自己完全的在一起。

為了找回你自己的真實人生，這一次，勇敢的為自己堅持「分離」的勇氣。也為自己建立不再透過外求的內在安全堡壘。

一個人的旅程，找回內心初衷

過去，為了因應自己內心的生存焦慮，或是抗拒自己內在的孤獨和脆弱，我們可能胡亂的進入關係，或是在扭曲的關係裡，用扭曲的心態和關係模式，在關係中束縛自己，也嘗試控制對方。

即使在不同的關係中，反覆挫折，或反覆演變出類似的情節，我們都不一定能懂得，自己在潛意識裡，其實已經埋藏了對「關係」的計畫，就是自己要在關係中不斷的經歷到傷害和受盡委屈，或是不能避免的在關係中，遭受背叛和遺棄。

如果，我們慢慢察覺了：**我們和外在的關係，是複製了自己內在的人生腳本，也重演了我們早年和母親的關係**，或許我們會有一次，願意勇敢的面對自己內心的破碎，重新再造一個新的自己。不再依賴著心理臍帶，想著有任何人存在，保障著我的生存安全、滿足我的生存需求。

無論有多少關係存在於你的生命中，所有的關係，都會有分離時刻。無論對方離開，或是你先行離去，我們都不會是真的「永遠在一起」。歷練分離，學會告別，開啟下一段人生，始終是我們人生一趟，反覆在學習的事與領悟的智慧。

只有你真實學會了「斷、捨、離」，你才真正能不斷更新自己的生命，也才能為自己建構真實有活力的生活，不是死氣沉沉，不再負重疲憊，苟延殘喘。

當你在離開之後，請有意識的陪伴自己走這一段生命的孤獨之旅，因為一個人的旅行，正是你找回內心的初衷，重新誕生在這世界上的方式。也是讓自己走到更大的世界、更多元的世界，和更不同的世界的歷程。

在開啟這一段歷程之前，請祝福自己，也信任自己，並無條件的支持自己。

Step 7

理解分離

【重新定義「分離」這件事】

遭遇分離，不等於遺棄或否定

無論是在什麼關係裡，當這一段關係已經不適合生命的前進了，甚至不適合生命的成長了，就需要好好承認、面對，以及妥善處理。

任何為了所謂的「害怕孤單」、「害怕面對自己的人生」而勉強自己在一段關係中的人，必然會越來越疏離自己，活得越來越麻木和混亂。

即使處在關係中，這段關係也無法使人真實的感受到親密及信任。時時提防、時時猜忌、時時防衛及攻擊，讓關係只剩下攻防戰，卻無法真實的經驗到愛。

過去在孩提時期，時常遭受大人恐嚇，他們總是說著：「你不乖，我就不要你了。」「你哭不停，就不要跟我在一起，走開！」或：「你很煩，我要把你丟掉。」……

我們被恐嚇得不知所措，驚嚇得呆住愣住，深怕自己再一個不小心，不被喜歡了，或被排斥了，就會被丟掉、被遺棄、被不要了。

這些記憶，即使認知不太記得那些深刻的情節，但情緒上，卻很害怕被遺棄的感覺，也很敏感別人可能做出的「離開」行為。

所以對於「分離」，我們會非常直接，無法以理智合理的思考就認定：「分離發生了，就是我被遺棄了。」分離的事件，往往跟我們幼年最恐懼的經驗——遺棄和背叛、排拒和否定，產生關聯，使得每當要進行分離，無論是哪一種情況的分離，都會讓我們「難過得要命」。

但當我們漸漸成長，慢慢成熟了，我們會越來越明白「分離」的意義，已不是只有「遺棄」。

面對分離，每個人有自己的意義

有時候，「分離」的意義是彼此已經不適合再陪伴同行，因為價值觀、生活環境改變、因為共同的經驗越來越少，彼此已經呈現出無法時常交集，甚至生命階段發展的不同，分離就必然到來。

有時候，「分離」的意義是兩個人的關係已失去原有的連結，即使共同在一起，有所互動，兩個人也無法出於真心而真誠的連結，甚至，都沒有意願為這一段關係有更多的付出，彼此相互計較的是誰付出比較多。這樣的關係「分離」，是停止相互攻擊和挫敗，或是預防彼此在接下去的關係中冷言冷語，相互傷害。

有時候，「分離」的意義是不論如何努力、用盡心力，嘗試各種挽救方法，也無法讓關係注入新的滋養，擁有新的能量。其中一人的態度和反應是已無意繼續關係，這時候的「分離」，是讓彼此有機會再去尋找自己要的人生，重新選擇自己需要的真實關係。這樣的關係「分離」，雖然會有失落和傷痛，卻是及時的挽救各自的人生。

有時候，「分離」的意義是彼此已經不是那個適合共同學習的對象。也許各自的分化獨立狀態不同，各自的生命議題也差異很大，或是彼此關係的停滯和膠著，失去了成長性，都使得關係進入臨終狀態，等著關係垂死。這樣的關係分離，就是為了預備進入下一段各自的人生旅程，去學習面對自己的人生課題。這是在所難免的，因為在人的生命階段中，學不會的，終究要學。如果依賴著關係或緊抓著關係，就以為可以避免學習，那麼抗拒接受這樣的關係「分離」的殺傷力，有時候會更劇烈。

有時候，「分離」的意義是解救生命。當一段關係充滿了暴力、威脅、控制、支配和傷害，在這一段關係裡，無疑是承受虐待和攻擊，並且是持續性的耗竭生命，那麼這一段關係的「分離」是必要的。因為關係的結局，不會有奇蹟，也不會有戲劇性的大轉變，能讓充滿傷害的關係，在持續性的隱忍和被傷害之後，得到愛的保證和關係的大修復。這是一個失去現實感，也失去對人格瞭解的幻想。如果彼此在這一段痛苦及傷害的關係中，卻堅持不讓分離發生，那麼有一天，分離還是會發生——以極度難以承受和面對的方式，發生。

在面對人生的各種「分離」時，或許你可以有一些重新的定義，無論是為了終止傷痛、轉變成長，或是解救彼此。

你可以試著重新定義你的「分離」事件。

學不會分離這件事，我們就很難學會獨立成熟這件事。而這一份獨立成熟，是讓自己完整成長為一個真實的「人」，讓內在與自己的關係，先有了療癒和愛的能力。

所以，當「分離」發生，或許我們可以領悟這一份意義：

「真實的與自己身心靈合一。真正的認識自己、愛回自己，為自己療傷轉化為一個有愛的生命，開啟一段新的旅程。」

Step 8

溫柔以對

【感謝彼此的相伴，溫柔完成告別】

那愛的、那恨的，就此止息……

最好的分離，是善了，是善終。

不帶仇恨及怨懟的分離，才能真正開展人生的新頁。

若是分離了，內心卻無法淨空那些仇啊恨啊，以及那些不甘心或悔不當初，那勢必在接下來的人生歷程中，心裡不會是坦蕩和踏實的；反而，過去的這段關係將成為心裡最過不去的傷痛，也成了心靈永遠不會度化解脫的幽魂。

為了不在分離後，心靈精神繼續承受怨恨之苦，所以，在分離過程中，讓一切往好的方向發展就非常重要了。

所謂好的方向，就是不再蓄意製造傷害。

讓兩人過去的愛恨情仇，安歇下來，靜止在過去的時空。

這些愛恨情仇的經歷和記憶，確實還需要時間消化，也不是說消失就能消失。有時候一回想起，內心還是會感到驚心動魄，或是悲痛難抑。

但是，我們會知道，對過去那段關係的遭遇，究竟要成為我生命裡的好事還是壞事，這是要由我個人來決定的。**每件看似壞遭遇的事，都可能因為學習了寶貴的重要經驗，而成了生命裡的好事。**

但持續以自傷傷人的角度和心態來看待生命裡發生的事，所有的事都只會成為「壞事」。

如果在看似痛苦、難過、傷心、憤怒、沮喪的遭遇裡，我們無法從中領悟真正的愛及友善是什麼，也無法明白生命要教會我們明白的道理是什麼，我們就會停留在痛苦、難過、傷心、憤怒、沮喪等等的心靈幽谷裡，怎麼也無法走過。

難以實現的期盼，讓人無法平靜

不能否認的，一段關係要走到分離時刻，必然累積了不少的孰是孰非，也積壓了許多的埋怨和委屈。在歷程中，各自的立場不同、角度不同，所面對的利益衝突也必然發生。於是，關係總是無法單純的只存在支持或關心，而是存在著大量的衝突和對立，指責和糾纏。

在我們生命裡的每一段關係，都會有我們各自的需求，期待對方來滿足。當這些期待和需求，開始產生落空、不滿、忽略，遭置之不理之後，我們必然因應而生許多的糟糕感受，和強烈的負向情緒。

這些痛苦的傷害性情緒，很難消化，也會不斷在腦袋產生這一種想法：

「你怎麼可以這樣對待我？」

我們曾經相信會呵護我、珍惜我、疼愛我的那個人，為何會這樣利用我？辜負我？傷害我？背叛我？遺棄我及攻擊我？

這些龐大的情緒，充滿想要攻擊的衝動，讓我們很難以和平及寧靜，來面對關係的分離。也很難平穩的接受，從此之後，對方只是一個陌生人的身分。

你的心中，可能還在期盼一個「真心的道歉」，希望對方能從心底深處明白，究竟他做了什麼傷害你的事，究竟他如何的忽視了你的存在。

如果，能有這樣一句「真心的道歉」，或許你能做到一笑泯恩仇，將過去的留在過去。

但是，如果沒有呢？無論怎麼等，都等不到「真心的道歉」，不論是他這個人，或是他周圍親友的態度，都沒有讓你感受到真誠的理解你的痛苦和受傷——如何能說放下就放下？不再提起就不再提起？

這些情緒都很糾結，即使已經分離，內心仍是無法平靜。

請給自己一個「真心的道歉」

你當然會期待一個「真心的道歉」，但是當這一個「真心的道歉」未來之前，請你嘗試給自己一個「真心的道歉」。

跟你自己真心的說聲「對不起」，因為你的選擇和過去的承受，真的讓自己受傷也受苦了。

好長的日子，你讓情況傷害自己，也漠視尊重自己，不懂保護自己，讓循環的處境不斷傷害你，只為了求得自己心中的一個「全」。

如今，你帶自己離開一段關係，不再任自己在關係中，持續受傷。也不再處於一段空洞消耗的假象關係裡，不停麻木及分裂自己。請好好的給予你自己真心的抱歉。你曾經如此不顧自己，寧可顧及他人和環境的要求，把自己視為虛無的人，用自己來滿足別人……

當這世界的人，還沒有欺負你及漠視你之前，你已先欺負了自己，和漠視了自己。而當身邊的人無視你的感受，甚至以刻意的冷淡、疏離傷害你時，你用封鎖自己的感受來縱容對方，用被遺棄的恐懼來恐嚇自己，要自己在這段自己早已不復存在的關係裡，用著虛假的周全安慰自己。

你看見了嗎？那個渴望真實、渴望自由的自己，呼求著自己為自己勇敢起來，撥開那層層偽飾周全、平靜的假面，傾聽自己枯竭的心靈對自己呵護自己的懇求。你其實並不需要那份不甘，來標記自己是受虧待的一方。你需要的是溫柔的接納，來肯定勇於承擔的自己。

請給彼此一份「相伴的感謝」

分離的抉擇，可以是一種無可奈何的迫害，更可以是一種看透虛假不堪後的了悟。即使這了悟的過程，有著太多自己的委屈、憤恨、不公，甚至於多少痛不欲生的苦痛血淚，但是，讓我們試著回到「分離」這個決定本身。分離的選擇，不正是為了讓一切的愛恨情仇要個終結嗎？分離的選擇，不就是為了讓彼此停止傷害對方嗎？分離的選擇，不就是從此各自完成自己的人生嗎？

分離的選擇，不是懲罰，也不是要報復對方的「沒有如我的期待」；而**是一種對自己人生負責的態度，並謝謝對方的生命，曾經有一段過程，是相偕同行。**無論這相偕同行的過程，是愛多，還是恨多；是甜蜜多，還是悲傷多，這都是兩人的共同選擇，出於雙方的決定，才能相偕人生一段路。

而如今，分離亦是兩人共同的選擇，唯有我們選擇溫柔面對，感謝對方曾經的相伴同行，接受現在的關係的新決定，我們才能真正的告別，迎向自己的人生。

Step 9

心情歸零

【不美化，也不醜化過去的關係，讓一切回到原點】

理解關係也有現實需求

當我們決定啟程踏上生命的新旅途，我們需要整理過去的經驗，如同將舊屋整頓出清，好讓我們可以輕裝上路。我們盡可能的以公平、客觀的角度釐清過往，平實的去看待過去關係中的自己與對方，在那一段過往生命的真相。

關係當初的構成，其實都有當初各自的需求。即使看起來可能有一方極力付出，而另一方盡收所有的關照和付出，似是一段不平衡的關係，但是，其實還是有各自放置在這一段關係裡的內在渴望和需求。我們或許將過去生命中的匱乏，期待對方全然為自己彌補；我們或許將早年生命中的虧欠，期待在對方身上得救贖；我們或許將自己欠缺的肯定，寄望在對方的回饋中滿足。

對於任何被我們允許進入生命中的關係，都有我們投射而出的渴望。

我們渴望成功、有社會地位，就會找來一段有頭銜和地位的關係；我們渴望成為一個完美至善的好人，就會找來一段處處充滿軟弱和無助的關係；我們渴望要證明自己有價值、有能力，就可能找來一段處處要求滿足和提供所需的關係。我們也可能一直活在一種標籤或主流價值的評價裡，就會找來一段可以證明我們擁有主流價值認可的關係。

每一段進入我們生命的關係，都不是沒來由的出現，或沒有邏輯的就發生在我們身上。

相反的，我們進入了對方的生命，也有對方的需求和他投射而出的想像，想像我們是他心中想要的那一個人，可以滿足他的渴望，可以證明他的價值……等等。

這一切的構成和演變，或許不是完全沒有所謂「愛」的成分和層次，但也不會完全都出於愛。

以適當的距離覺察過往

所有的相對關係中，如同一支雙人偕跳的舞曲，其中有各自的進，也有各自的退。我們必須在撥開虛偽假面和哀怨迷霧之後，帶著為自己的和解與安穩，用自己清澈的雙眼，公允的、自我負責的去看待那段過往生命的真相，才能沒有美化也沒有醜化。

過度的美化過往，將使我們內心充滿自責和懊悔，甚至責怪自己為何無法珍惜和經營好那段曾經擁有的美好，而陷入悔恨的深淵，阻止自己接受新的生命，以及靠近自己的幸福。

而醜化過往，則是讓我們被哀怨與憤恨包圍，那些曾經遭受的不堪、痛苦，將擴大成難以撫平的羞辱，讓自己充滿羞愧感。而羞愧感將使自己不再相信，自己值得擁有幸運、擁有愛及安穩的未來。

若能拉開內心的愛恨、哀怨糾結，以適當的距離去覺察，不美化也不醜化過去的關係，讓一切回到最初的原點，我們會發現，這其中有自己曾經獲得的、付出的，也有需要承擔的。

誠實的面對與接納過去關係中的一切，因為一切的發生，都是雙方共構而成的局面。於是不再只是以哀怨、恐懼、憤恨與不甘，來阻抗自己也有需要真實面對自我的部分。或許在自我的內心深處，有自己的貪求、有自己的妄想、有自己的偏執、有自己的自卑、有自己的貧乏和空虛，以致在這一段關係裡，才會如此奮不顧身，也失去了洞察的能力，甚至非常久的時間裡，不願意接受真實的真相。

接受每個人，都有他的美麗與哀愁

在這世界上，每一個人，都不會是全好或全壞的個體。我們都是複雜的總和，有著人性裡那些光明的、黑暗的、能見光的、不能見光的、被允許的、不被允許的各種性格和面貌。如果，我們常常以高期待的標準去看待自己和他人，就會去要求所有人應該都萬無一失的完美，只要一點兒的落差，就會讓期待破滅，而必須背負著萬劫不復的唾棄和仇視。

若我們失去了對人性和人心的認識，過於單一偏頗的看待「人」的形成和存在，就易以極度且我執的觀點認定他人，無論是我們心中的女神天王，或是我們心中的邪惡魔獸，其實都只是一線之隔，或是一體兩面的存在。

就如我們自己亦然。都不是單一性格的存在，也非僅有光明燦爛的面貌。**當我們在美化或醜化著他人時，可能同時正醜化及美化著我們自己。**

但是，若我們把每個人（包括對方和我自己）都還原為一個「人」，便知道所謂的「人」，是很複雜的總和及整體，都有我們各自的成長背景，和生命歷史事件對我們的影響。當中，我們遭遇過不同的傷痛、經歷不同的失落和挫折，也形成了不同的貧乏和缺憾，而延展出不同的主要人格、次要人格及黑暗人格。

我們每個人都有自己的軟弱，和所抗拒坦承的自己。當我們懼於誠實，也恐慌去接觸這些內在的陰暗時，我們會投射、拋出在他人身上，要他人幫我承擔，或為我彌補、救贖及翻轉。而當關係裡的兩人，將那些理不清也看不明的內在缺憾及陰影，互相投射在彼此身上時，無意識中，我們開始進入了我們潛意識的人生角色設定，開始要對方配合演出——演出我們心裡的劇情，和早已埋下的結局。

看清自己，洞察自己

我們的心中，要能出現澄明的安穩和涵容自己的力量，才會有能量讓自己誠實面對，坦承認清，在一點一滴的承認回自己的人生角色設定，以及看見我們也有要對方配合演出某種角色的部分後，鬆開對彼此角色的設定，也放開這一本不知道已經演過幾次的人生劇本，允許自己擁有開啟全然不同人生新頁的勇氣和決心。

可能也因著這樣的認清，你要好好的看見那些你過去迴避、不敢承認，卻一直在你內心深處操弄著你、也影響著你的自己——那個自憐的你、自卑的你、自責的你、自怨的你、膽怯的你、不想負責任的你、依賴的你、缺乏的你、軟弱的你、失落的你……這每個不同的你，你是否都一一承認，也真的擁抱回來，重新選擇面對的方式？

分離後的未知旅程，正可以好好的讓你真正看清自己、洞察自己。唯有你領悟了，「愛」才是你在關係裡真正要學習的課題，透過這些離別的過程，每一個人、每一段關係，都讓你接觸了自己、懂了自己，更深的明白了自己。

也因為你靠近了愛和真誠更近一點兒，你會發現，沒有什麼人真的可以傷害你。當你有了愛的能力，也有了愛的智慧，這一切都真實存在，當再度進入關係時，會讓你不只勇敢，也更加懂得你無法真的控制和支配誰，任何人的到來，都是來讓你更認識全部的自己，而來得及在此生，做一個完整的自己。

Step 10

陪伴自己

【完成需要的療癒】

一個人，就只要自己一個人

人生的過程，我們總難免歷經受傷。打從我們出生開始，離開了母體後，便歷經一連串的生活挑戰，行走是挑戰，學習是挑戰，生存本身就是挑戰。

而面對自己的存在課題（此生的任務學習），每個人都有他既定的命運安排（那些不可改變的），也有他獨特的機會安排（那些他可以選擇及改變的際遇）。但無論如何，失落及心傷，是我們必經的人生經歷，也是成長的代價，沒有人能避開或閃躲，除非他迴避活著這回事。

當我們在生命的歷程中受傷、失落、挫折……之後，究竟該如何療傷？又該如何才能再重拾力量，為自己的人生，再次起步？

療傷的困難之一，在於「傷心」和「失落」，很難「被懂」。因為人們（包括自己）總是想要跳過處理歷程，直接進入「解決」的目的，不然就是立刻擺脫。外在的訊息，總是催逼的或強迫的，要失落者立刻沒事、立刻堅強、立刻勇敢，或者該為了其他人的觀感，或為了自己的面子尊嚴，趕緊將自己放置在「正常軌道」裡，不要出亂及失序。

所以，療傷止痛，為自己好好療癒，其實適合自己一個人進行。

你需要給自己時間和空間，沉澱、回顧、再理解、再取捨。

這是一個人好好的陪自己整理的過程。

一個人將心中那些痛的悲傷的情節好好回看。

一個人好好面對及道別，無論是好的壞的經歷。

一個人學會坦承、學會接納及原諒生命的過程。

你的療癒，與別人何干？

療癒，其實是自己與自己的事，無關於外在的人的態度、反應、評價，也不在於那個人到底是原諒不原諒、懂或不懂、關注或不關注。

當你越希望「被懂」、「被關注」，越會因為不被懂、不被關注，而忿忿難平，又強烈的期待及要求被懂、被關注，則療癒，將離你越來越遠。

因為，你認為的療傷，必須取決於「外在」的回應及對待，而不是從內心，真正和這些失落、傷痛、遺憾、怨恨……和解。內心，仍如此抗拒痛苦的發生，期望著他人（重要人物）能來為這份痛苦的發生，表達歉意、懊悔、悲痛、不捨……

然而，他（們）並沒出現、沒回應、沒有任何歉疚的表現。彷彿這份悲痛失落，是「我一個人的事」，那種委屈和不公平的挫折感，使你內心翻攪，時而狂怒，時而低落憂鬱。在惡性的情緒痛苦循環下，你與你自己的關係，無法修復，又如何談及療癒呢？

裂痕撫平的開始……

所謂的療癒，就是你能懂自己的傷心，也能陪伴自己度過傷心，而最終，無論經歷什麼起伏，你始終堅定的承接自己，也修復自己，不讓自己因為受傷而沉淪，也不因為受苦而放棄自己。

療癒，並不是勸誡和苛責，也不是事後諸葛和馬後砲。療癒，是以同理的心，貼近自己的內在感受，深層的連結自己內在的破碎和撕裂，同時以溫柔及慈悲，寬容自己也接納自己。

療癒，也需要停止無意識的習慣——找錯誤。若仍是執著在爭辯誰對誰錯，執著找出誰是關係的殺手，那還是會進入死胡同，以這種反應，你無法真的踏上療癒的路，反而會停滯在害怕自己是錯的制約中，不想要承擔屬於自己的責任，想撇開自己在關係中，也有需要去承擔的選擇和決定。

而無論坦承了什麼，不要自責，也不要自憐，因為自責和自憐，都無法真正進入內心的隱晦處，清理清楚自己的人生：在過去這一段關係裡，自己到底是什麼樣子？到底做了什麼？面對了什麼？

你不用努力的想找自己的「功」，也就不需用力的想掩藏自己的「過」。而事實上，無論功過如何，功過只是關係歷程中，彼此在相對位置上所投注的視框及解讀。在各自的立場上，都會有各自所認定的事實和不得不的所在。

若你確知自己在關係結束之後，修復自己、真實的愛回自己，才是最重要的歷程，那麼，讓自己往療傷止痛的歷程走，選擇深入的探知自己，也深入的接觸自己。讓傷痛，引領你更懂愛的真諦，也讓心靈的裂痕，引領你真正的懂了療癒。

讓寬容及慈悲，真的發生在你身上和心中。

當你不用害怕去提起過去，也不需刻意要提起過去，過去的一切，都沉澱在生命記憶深處的某個角落，安穩而自在時，那時候你生命全然的療癒和整合，也就自然的發生了。

Step 11

擁抱自己

【從受傷的關係中，懂得愛回真實的自己】

靜靜的，與自己在一起

你總是花了大部分的心力，關注著他人，也以生命的大部分時間，為著他人的需要，而給出、付出。你不僅要求著自己，要能把他人的問題及需要一一的照顧好、一一的解決和處理，同時也要求著自己，不能給予別人負擔，也不要造成別人麻煩。

所以，對待你自己，你總是以忍耐和壓抑，要自己盡快振作，要自己忍一忍就風平浪靜。你從來不靜下來，安靜的聽自己說話。只要一聽自己說話，就是一堆苛責與數落，一堆質疑和勸誡，以至於，你無法安安靜靜的與自己的心，同在。也無法只是感受和自己在一起時的，寧靜。

如今，生命給予你一些時刻，引領著你學習和自己在一起的奧妙。不再以苛責、質疑、催逼和數落，而是靜靜的感受自己，無論那是辛酸，還是哀傷，或是疲憊，即使是空洞麻木的感覺，也只是靜靜的與這些感覺，同在。

沒有評價，沒有好壞判斷，沒有拚命想著如何解決問題，沒有急著叫自己轉移注意力，離開自己身上。

就是，靜靜的，學習，與這些時刻的自己，相處。試著帶著安全感，相信這樣的自己，只是想要有一個空間，接納著、承接著，存在著……直到寧靜，來到內心，為心，帶來了溫柔。

請將這一段與自己生命對話、接觸、探索的歷程，視為與自己和好及相愛的歷程。

深深的，容許自己

過去，我們總是在證明，我們能照顧別人、能為別人付出，有能力對別人好……卻很少向自己證明，我們有能力愛自己、照顧自己、對自己好。

很多人會說，愛自己是什麼？我很能為自己安排很多享受，難道那不是愛自己？

安排給自己享受，無論是美食或旅遊、購物或做任何有興趣的休閒，這些或許都是給自己開心，讓自己享受生活。

但是，若只有這些安排，卻在生活中，不懂得界定自己的界線，任人輕易的侵犯和剝奪，甚至不斷的經歷羞辱和控制，也忽視你的感受和權利的存在，那些享受也不會真的讓你幸福和開心。

或許安排享受的活動，短暫會有效果，猶如碰觸麻藥的歡愉，但那種歡愉不會是真實的快樂，不僅無法長存，還會感覺像一陣迷霧，始終抓不住什麼。

所以，愛自己，並不全然是外表的享受，或是物質生活的擁有。而是，你終於懂了自己，也終於接受了自己，能夠完整的面對自己。你不僅能覺察自己內在的感受和想法，同時平穩的與這一切同在。

當你能越寧靜的和自己連結，也不再分裂的切割自己、麻痺自己，接受自己的能為與不能為，都不因此批判自己及否定自己，而是給自己更大的支持和維護，那樣的珍愛自己，才是我們需要重新學習的事。

不再隨便把自己推給任何人，不再視自己為麻煩角色，極力想撇開。

讓我告訴你，當我們出於真誠，擁抱了自己，愛才能出現；若是切割和否定的對自己，那只是讓我們更加支離破碎，更多的寸步難行。

你若慢慢釐清也學習分辨了「愛」是什麼之後，請讓愛真的發生在你生命中。當你內在有真實的愛，你才會真正的辨識出，另一個人是否也有真實的愛，和你進入真實連結的關係。

學會真實的愛，什麼時候開始，都不遲。

特別在分離之後，我們更要以愛先擁抱回自己，我們才不會繼續複製那些虐待和傷害，持續的讓過去扭曲的關係，再次發生。

好好的，把自己愛個夠

任何關係的挫折和傷痛，都讓我們在衝衝衝，追求被認同的人生裡，藉此停歇了下來，真正的看見自己在為什麼忙、盲和茫。也看見你在關係中，如何受傷、如何壓抑、如何遠離和如何切割自己。甚至，因為這一段你在乎的關係，你是怎麼選擇欺騙自己，和勉強為難自己。

任何帶著傷心和失落的關係，都有我們需要愛回來的自己。

過去因為不懂得愛，拚命想找個人（其實是抓個人）進來關係裡，保證對你的愛、保證對你的關心、保證永遠珍惜你、呵護你。你想證明自己的特別和不同，想證明自己是萬中選一的天之驕子、天之驕女，想證明自己有價值可以得到自己想要的，強大的傲視群芳、群雄。

但是，親愛的，你不明白的是，這其實不是愛，這是出於自己不愛自己的反射，也是出於厭惡自己的自卑所必須努力追求的卓越。

如果，你懂了愛，愛會讓你從內而外的安穩，會讓你自在的面對自己，也安穩的在關係裡。

也唯有學會了愛自己，我們才能終止關係傷痛劇情的再重演，也停止再扮演彼此的加害角色。然後，真正的懂了如何給出平等和尊重的愛，在關係中，不再失去自己，也不吞噬他人。

我們若漸漸修復自己，真的懂了什麼是愛自己，我們也才明白如何給出自己的愛，讓人感受到愛的存在，而成長而茁壯，讓生命真實得更好。

重新啟程

【為自己建立「真實的愛」經驗】

為了現在與未來的美，好好告別過去

我們的人生，離不開「關係」。雖然我們的一生會經歷與許多關係的別離，然而別離，是為了和愛重逢；我們與偽愛舊關係的別離，才能與生命本然真實的愛重逢。

所謂真實的愛，是一種坦然、互相尊重且帶著安全信任的關係。在愛中的個體，不會因為對方的需求而消融。彼此的感受可以流暢的溝通，真實交流，不會因恐懼而噤聲，也不會時常冒出被遺棄的恐懼，而讓自己隱形萎縮，甚至模糊了自己。彼此的

情感可以深刻適宜的連結，相互支持、信任和包容，而沒有控制和支配，也沒有情感的威脅和勒索。

過去，我們為了維持關係完整表象，所封閉的一切感受、需求，都能得到真正的釋放，做一個真實的自己，真實在關係中。

這段嶄新且真實有愛的關係，或許是另一個人與自己建立，也可以是和一個全新、勇敢且獨立的自己建立。

無論，那是真的再有另一段關係，或是與自己建立的深層連結，真實接觸，才能真實擁有。

當我們再度進入關係，我們能與過去的經驗有不一樣的思考、感受、反應，才能不再繼續委身在偽愛的關係裡，假扮著他人要我們成為的角色和形象，分裂著自己，讓自己充滿著衝突和矛盾。

也只有我們好好的告別過去的那些關係，我們才不會讓過去未竟的關係傷痛，始終影響著現在以及未來的關係。

以成全和祝福，陪伴著分離

告別，是從心裡，真正的安放。知道這是自己的生命經驗，也是過去某段時光的生命故事，接納自己曾經帶著憧憬、懵懂、無知進入關係，而在關係裡的那些跌宕和崩潰，都幫助了自己更加釐清，什麼是真實的愛。

告別關係，需要經歷這個任務：**從接受失落的事實，經歷屬於自己悲傷情緒的痛苦，到慢慢適應一個不再有對方參與的新日子，然後才開始將情緒的活力復甦，重新建立新而具有愛的關係。**（請參考悲傷治療大師威廉．沃登〔William Worden〕的「完成哀悼四任務」學說。）

如何才能真正的告別，從內心深處放下一段重要關係？

這個人生課題，每個人所經歷、所學習的方式，不盡相同。或許我們可以去聆聽他人的經驗分享，也好奇他人如何能勇敢走過的獨到之處。但是，若不是從自己的內心，與自己好好連結及對話，真實的面對及反思自己的情境，任何表面形式的告別做法，都可能只是形式而已，卻無法讓我們從內心坦承分離的發生，真正的了悟失落的課題，其實是讓我們明白——我們並未真的懂「愛」。

而當我們懂了愛，即使還是遇見了分離的發生，我們會試著表達各自的不捨和感謝，也表露自己真實的情感歷程。但我們不再會為了自己的脆弱和依賴，死命的抓取和糾纏對方。我們懂了維護生命的選擇和意願，無論是自己的，或是他人的，同樣都值得尊重。

關係是兩人之間的連結和互動，當其中有一個人退後轉身，或選擇退出、離開，這都意味著「關係」已不構成要件。而後，所要處理的歷程，皆是關係的善了，和兩人之間的告別、放手。

懂了愛，具有愛的能力，不表示我們從此都不再經歷分離，或不用面對關係的失落。事實上，當我們真的懂了愛，也具有愛的能力，我們將能在關係裡坦承，不以偽愛來控制及挾持他人的生命，真正的做一個真誠的自己，對自己誠實，也對關係誠實。

如果分離真的發生，在愛的關係裡，也會有成全和祝福。

當人活在愛裡，真實的愛，便在心裡

在愛的關係裡，人不是備胎，人也不是工具，人當然也不是奴隸，如果你這樣看待自己，你也會如此看待他人。一切的關係，都會只剩下交換和相互利用，或是配合演出，卻是兩個早已失去靈魂的個體，所合力進行的一場痛苦輪迴罷了，讓兩人墮入萬丈深淵，不得解脫。

若你漸漸懂得愛的道理，也明明白白愛的關係是平等、尊重、安全及信任的關係，有著彼此相互的支持和關愛，有著相互的肯定和欣賞，不會有人在關係中被迫犧牲，或被要求無聲，也沒有一方活得卑微而低下，活得不像自己。這樣的關係，才能是健康、成長。彼此的生命，因為愛的滋養和富裕，能量飽滿流動，不僅更愛了自己的生命，也更愛我們所連結的這個世界。

因為愛，我們能更樂於愛這個世界。我們都知道，沒有了這個世界的存在，就沒有了「我們」的存在，也就沒有了愛的意義。

要讓這世界真實有愛的方法，就是我們真的活在愛裡，也成為一個懂愛的人。

結語——
移動生命，才能真正的走向愛

親密關係，是有機體，來自兩個有機體的連結及親密互動。如果一段親密關係，能持續性的有活力，有源源不絕的能量灌溉，那麼關係會生長、會茂密，也會有循環性的成長茁壯，如一棵大樹一樣。

但是，如果在一段關係中，兩個人的狀態本來就像是枯死的生命，失去有機體的運作能力，猶如枯樹一樣，那麼，這段關係本身既有的能量，就是在垂死邊緣。

也許一時之間，不那麼容易能覺察這是一段「不對勁」的關係，也絲毫未覺這是一段「已注定垂死」的關係，我們還是一樣奮不顧身，拚命的死纏爛打，看看本來就岌岌可危的枯樹，能不能再掙扎一樣、再勉強一下，或是緊閉雙眼，假裝什麼都看不到、聽不到。

當一段關係走到盡頭時，那種被過去的糾結耗盡心力，最終卻仍是看似空無的失落，或許會在當下，讓我們有著一種山窮水盡疑無路的誤會，但是當你為自己清空了那些讓自己耗竭、不甘、哀怨的糾纏藤蔓時，你會發現原來生命的前方，仍是柳暗花明又一村的嶄新美好。

落紅不是無情物，化作春泥更護花。告別過去，移動自己的生命腳步往前行，不是遺忘、切割和否認那些傷痛記憶。那些行過、走過、掙扎過、勇敢過的一切，反而是化成了生命中最深邃、柔暖的沃土。那沃土將護全我們，得到一種即使生命扁舟行至水窮處，仍能平靜、祥和坐看雲起時的一份真實的安穩和寧靜。這何嘗不也是一種寬容慈悲的愛，在我們的生命裡，真實發生呢？

願你的人生，來得及懂愛，以及看見往愛的方向，究竟在哪裡。

你能為自己勇敢起來、勇於離開，移動了你的生命往前進，之所以值得堅持的原因，就是你的一生，是為了學會愛而來。

即使關係曾經讓你跌倒、受傷、淚流滿面，但當你敢於相信自己的美好，勇敢再去相信愛，勇敢的再寫出屬於你的愛的故事，愛會讓你得到一種源自於自己內在真實的強壯與安穩。不再懷疑、貧乏、空洞，而能用自己接下來的生命，寫出屬於自己最美好的，愛的篇章。

推薦書目

【如果你只剩下勇敢，那麼你正要開始懂得療癒】

・《一個人的療癒——真正的放下，是你不介意再度提起》，大是文化
・《每一天練習照顧自己——當我們為自己負起責任，就能真正放手，做自己》，遠流出版
・《每一天，都是放手的練習2——你就是自己最重要、最需要照顧與關愛的人》，遠流出版
・《為什麼你不敢面對真實的自己？——停止內疚、恐懼，別再製造藉口，過你想過的生活》，如果出版社
・《夫妻這種病》，三采文化

國家圖書館預行編目資料

親愛的，其實那不是愛——勇敢放手，走向愛／
蘇絢慧著 --初版.--臺北市：寶瓶文化, 2016.9
面； 公分.--(Vision；138)
ISBN 978-986-406-066-5（平裝）

1.戀愛 2.兩性關係

544.37 105016738

Vision 138

親愛的，其實那不是愛——勇敢放手，走向愛

作者／蘇絢慧

發行人／張寶琴
社長兼總編輯／朱亞君
副總編輯／張純玲
資深編輯／丁慧瑋　編輯／林婕伃
美術主編／林慧雯
校對／丁慧瑋・劉素芬・陳佩伶・蘇絢慧
營銷部主任／林歆婕　業務專員／林裕翔　企劃專員／李祉萱
財務主任／歐素琪
出版者／寶瓶文化事業股份有限公司
地址／台北市110信義區基隆路一段180號8樓
電話／(02) 27494988　傳真／(02) 27495072
郵政劃撥／19446403　寶瓶文化事業股份有限公司
印刷廠／世和印製企業有限公司
總經銷／大和書報圖書股份有限公司　電話／(02) 89902588
地址／新北市五股工業區五工五路2號　傳真／(02) 22997900
E-mail／aquarius@udngroup.com

著作完成日期／二〇一六年八月
初版一刷日期／二〇一六年九月二十二日
初版七刷+日期／二〇二〇年四月二十一日

ISBN／978-986-406-066-5
定價／三二〇元

AQUARIUS 寶瓶 文化事業

愛書人卡

感謝您熱心的為我們填寫，
對您的意見，我們會認真的加以參考，
希望寶瓶文化推出的每一本書，都能得到您的肯定與永遠的支持。

系列：Vision 138　書名：親愛的，其實那不是愛——勇敢放手，走向愛

1. 姓名：＿＿＿＿＿＿＿＿＿＿　性別：□男　□女

2. 生日：＿＿＿年＿＿＿月＿＿＿日

3. 教育程度：□大學以上　□大學　□專科　□高中、高職　□高中職以下

4. 職業：＿＿＿＿＿＿＿＿＿

5. 聯絡地址：＿＿＿＿＿＿＿＿＿＿＿＿＿＿＿＿＿＿＿＿＿＿＿＿＿＿＿

聯絡電話：＿＿＿＿＿＿＿＿＿＿　手機：＿＿＿＿＿＿＿＿＿＿

6. E-mail信箱：＿＿＿＿＿＿＿＿＿＿＿＿＿＿＿＿＿＿＿＿

□同意　□不同意　免費獲得寶瓶文化叢書訊息

7. 購買日期：＿＿＿ 年 ＿＿＿ 月 ＿＿＿日

8. 您得知本書的管道：□報紙／雜誌　□電視／電台　□親友介紹　□逛書店　□網路

□傳單／海報　□廣告　□其他

9. 您在哪裡買到本書：□書店，店名＿＿＿＿＿＿＿　□劃撥　□現場活動　□贈書

□網路購書，網站名稱：＿＿＿＿＿＿＿＿　□其他＿＿＿＿＿＿＿

10. 對本書的建議：（請填代號　1. 滿意　2. 尚可　3. 再改進，請提供意見）

內容：＿＿＿＿＿＿＿＿＿＿＿＿＿＿＿＿

封面：＿＿＿＿＿＿＿＿＿＿＿＿＿＿＿＿

編排：＿＿＿＿＿＿＿＿＿＿＿＿＿＿＿＿

其他：＿＿＿＿＿＿＿＿＿＿＿＿＿＿＿＿

綜合意見：＿＿＿＿＿＿＿＿＿＿＿＿＿＿＿＿＿＿＿＿＿＿＿＿＿＿＿＿＿＿＿＿

11. 希望我們未來出版哪一類的書籍：＿＿＿＿＿＿＿＿＿＿＿＿＿＿＿＿＿＿＿＿

讓文字與書寫的聲音大鳴大放

寶瓶文化事業股份有限公司

（請沿此虛線剪下）

廣　告　回　函
北區郵政管理局登記
證北台字15345號
免貼郵票

寶瓶文化事業股份有限公司　收

110台北市信義區基隆路一段180號8樓
8F,180 KEELUNG RD.,SEC.1,
TAIPEI.(110)TAIWAN R.O.C.

（請沿虛線對折後寄回，或傳真至02-27495072。謝謝）